手稿珍本叢刊

中國古代史札録

15

階級

呂思勉 著

第十五册目録

階級

札一……………………………………一
札二……………………………………一二九

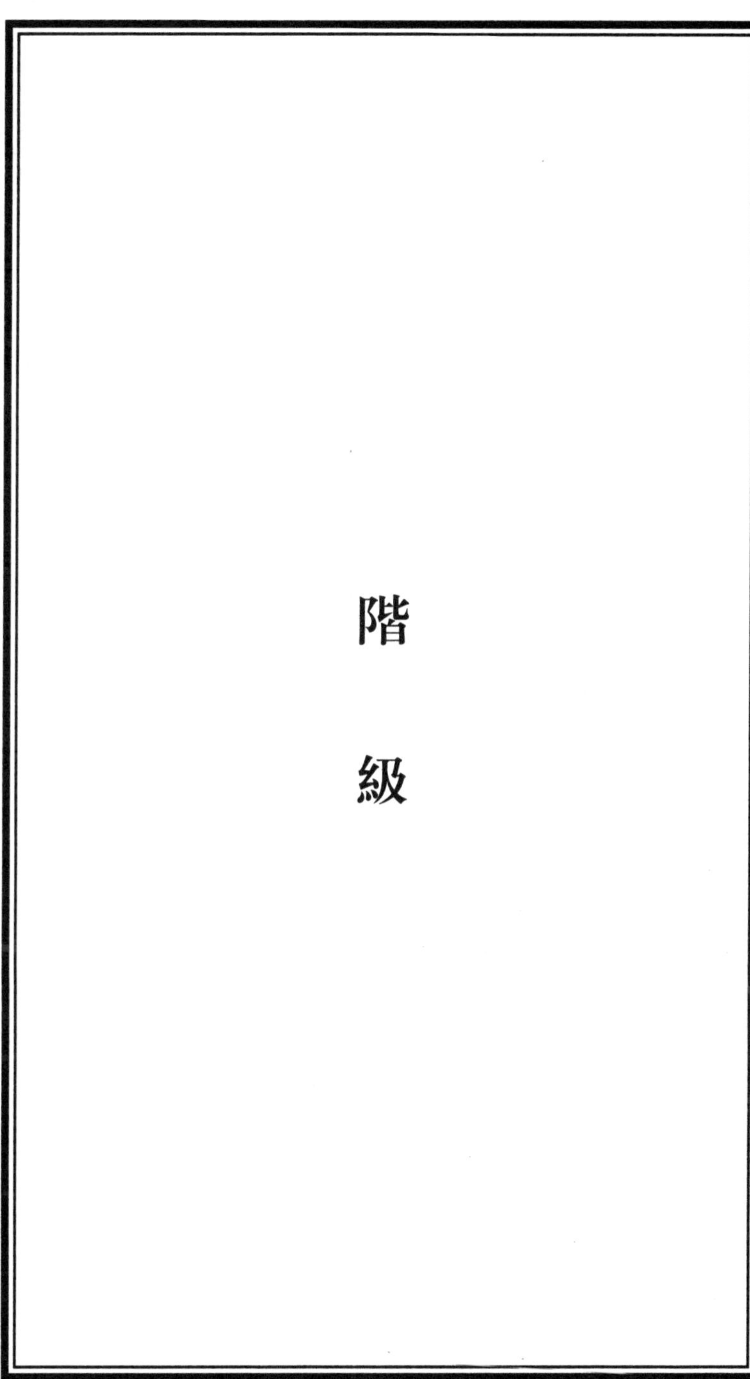

階級

階級提要

「階級」一包札録，内有「階級（札）」和「階級（二）」兩札，「階級（札）」内又分三個小札。這包札録，部分是呂先生從《左傳》《國語》《史記》《漢書》《晉書》《水經注》等史籍上摘出的資料，部分是讀《癸巳存稿》《吾學録》《初民社會》以及報刊雜誌的筆記。

呂先生的札録，天頭或紙角常會寫上分類名稱，如「階級」「貴族」「奴婢」等，有些札録寫有題頭，如第三、八一頁「豎爲未冠者官名」「君上位子下民」等。札録上的資料，有些節録或剪貼史籍原文，並注明篇名卷第或頁碼，如第二四四頁「趙至欲脱士伍」注見《晉書·文苑傳》「九二4下、5上」（即卷九二第四頁反面、第五頁正面）；未録史籍原文的，也在題頭下記有史料出處，如第一頁「禁外戚與政，志二8下」（即《三國志·魏志》卷二第八頁反面）。有些札録還加有按語，如第一二九頁「以桓彝之家，而不免以人爲質，貧民之易流爲奴隸，無足怪矣」。其他如第七三、八〇、九九等頁，也有長短不一的按語。第二札中《晉書》《宋史》《陳書》《魏書》《南史》《北史》等資料，摘録時已做過比對，並用紅筆標出文字的異同。

「階級」一包，也有一些剪報資料，此次整理未予收録；札録的手稿部分，均按原樣影印刊出。

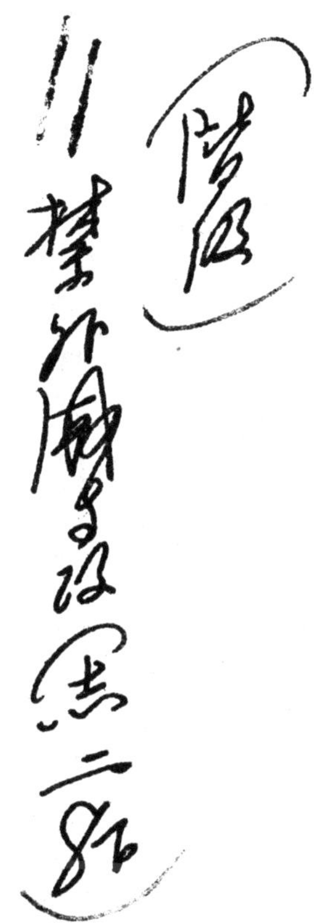

陸賈 劉璆傳（[illegible]四十[illegible]）
[illegible]黄金二[illegible]之[illegible]
韓信及其家人[illegible]稱（卅上）
句踐[illegible]作[illegible]（[illegible]上）
[illegible] [illegible]
[illegible]稱（卅上）
陳涉[illegible]
稱[illegible]（卅七）
以上[illegible]

豎為未冠者官名

内豎倍寺人之數名豎未冠者之官名○冠古亂反疏内豎至之數釋曰在此者案其職云掌内外之通令凡小事故與寺人連類在此也○注豎未至官名○釋曰春秋左氏傳叔孫穆子幸庚宗婦人

十三經注疏 周禮一 天官冢宰 五

而生牛以爲豎官則亦童豎未冠者必使童子爲之者鄭於其職注云使童豎通王内外之命給小事者以其無與爲禮出入便疾也

族言莊公斥逐親戚以成崔慶之勢終有弑殺之禍。復扶又反鉏仕居反還音旋殺之申志反又如字。夏楚子庚卒楚子使薳子馮爲令尹訪於申叔豫叔豫叔時孫叔豫曰國多寵而王弱弱政教微而貴臣強國不可爲也遂以疾辭方暑闕地下冰而牀焉重繭衣裘鮮食而寢繭緜衣。闕求月反繭古典反禮記云纊爲繭衣裘於既反鮮息淺反少也下鮮過井注同疏注繭緜衣。正義曰玉藻曰纊爲繭緼爲袍鄭玄云衣有著之異名也纊謂今之新緜緼謂今纊及舊絮也然則繭是袍之別名謂新緜著袍故云緜衣也置冰牀下使有寒氣其上加緜衣暑月多衣所以示疾楚子使醫視之復曰瘠則甚矣瘠瘦也。瘠在亦反瘦所又反而血氣未動言無疾乃使子南爲令尹子南公子追舒也爲二十二年殺追舒傳。欒桓子娶於范宣子生懷子桓子欒黶懷子盈也范鞅以其亡也怨欒氏十四年欒黶彊逐范鞅使奔秦。彊其丈反故與欒盈爲公族大夫而不相能桓子卒欒祁與其老州賓通欒祁桓子妻范宣子女盈之母也范氏堯後祁姓。相能如字徐乃代反幾亡室矣言亂甚。幾其依反懷子患之祁懼其討也愬諸宣子曰盈將爲亂以范氏爲死桓主而專政矣桓主欒黶疏以范主政矣。正義曰桓是黶之謚大夫稱主誣欒盈言盈以

襄廿一

襄廿一

范氏爲死桓主適范氏之意以桓主已死其家衰弱故陵侮欒氏而專晉國之政矣曰吾父逐鞅也不怒而以寵報之謂宣子不爲厲責怒鞅而反與鞅寵位。爲于僞反下文吾爲同又與吾同官而專之同爲公族大夫而鞅專其權勢吾父死而益富死吾父而專於國有死而已吾蔑從之矣言宣子專政盈欲以死作難。難乃旦反其謀如是懼害於主吾不敢不言范鞅爲之徵證其有此懷子好施士多歸之宣子畏其多士也信之懷子爲下卿下軍佐。好呼報反施式豉反宣子使城著而遂逐之著晉邑在外易逐。著直豫反又張慮反易以豉反秋欒盈出奔楚宣子殺箕遺黃淵嘉父司空靖邴豫董叔邴師申書羊舌虎叔羆十子皆晉大夫欒盈之黨也羊舌虎叔向弟。邴音丙羆彼皮反

【疏】秋欒至叔羆○正義曰如此傳文則欒盈出奔之後宣子始殺十子也晉語云平公六年箕遺及黃淵嘉父作亂不克而死公乃問陽畢陽畢對曰論遂志而斷君以亂國者之後而去之是遂威而遠權也欒氏之誣晉國久矣欒書實覆宗殺厲公以厚其家若滅欒氏則民威矣公許諾盡逐羣賊而使祁午及陽畢適曲沃逐欒盈如國語則先殺十子後逐欒盈與此異者賈逵云十子皆欒盈之黨知范氏將害欒氏故先爲之作難討范氏不克而死然則欒盈城著十子在國謀殺宣子不克宣子先殺之乃使適著逐欒盈此傳先言欒盈後言其黨耳非是欒盈既奔之後殺十子也此傳言城著而遂逐之則是就著逐欒盈國語言適曲沃逐欒盈者曲沃是欒氏之采邑蓋就著逐其身適曲沃逐其家也

囚伯華叔向籍偃籍偃上軍司馬人謂叔向曰子離於罪其爲不知乎譏其受囚而不能去。知音智下及注同叔向曰與其死亡若何言雖囚何若於死亡詩曰優哉游哉聊以卒歲知也詩小雅言君子優游於衰世所以辟害卒其壽是亦知也。詩小雅桑今小雅無此全句唯采菽詩云優哉游哉亦是戾矣

【疏】優哉游哉○正義曰此小雅采菽之篇案彼詩云優哉游哉亦是戾矣與此不同者蓋師讀有異

樂王鮒見叔向曰吾爲子請叔向弗應出不拜樂王鮒晉大夫樂桓子。鮒音附應應對之應下注同一本作不應其人皆咎叔向叔向曰必祁大夫祁大夫祁奚也食邑於祁因以爲氏祁縣今屬太原。咎其九反室老聞之曰樂王鮒言於君無不行其言皆得行求赦吾子吾子不許謂不應出不拜祁大夫所不能也不能動君而曰必由之何也叔向曰樂王鮒從君者也何能行祁大夫外舉不棄讎內舉不失親其獨遺我乎詩曰有覺德行四國順之詩大雅言德行直則天下順之。行下孟反注同夫子覺者也覺較然正直。較音角

十三經注疏　春秋左傳三十四　襄公二十一年　三五

喪（宮室）

甸

人築坅坎 築實土其中堅之穿坎之名一曰坅 疏 甸人築坅坎。注築實至曰坅。釋曰經直云甸人掘坎不云還使甸人築故記人明之還使甸人築之也 隸人涅廁 隸人罪人也今之徒役作者也涅塞也爲人復往褻之又亦鬼神不用 疏 隸人涅廁。注隸人至不用。釋曰知隸人罪人者案周禮司厲職云其奴男子入於罪隸則中國罪人對夷隸蠻隸貉隸之等是征四夷所得也故鄭舉漢法今之徒役作者也云爲人復往褻之又亦鬼神不用者若然古者井在不共偏浴亦不共廁故得云死者不用也 既襲宵爲燎于中庭 宵夜 疏 既襲至中庭。釋曰士之喪死日而襲經不云中庭設燎故記明之

甸人

隸人不共偃溷云無廁

既夕禮記

似禮之乎

豎未冠之名

○齊寺人貂始漏師于多魚寺人內奄官豎貂也多魚地名闕齊桓多嬖寵內則如夫人者六人外則幸豎貂易牙之等終以此亂國傳言貂於此始擅貴寵漏洩桓公軍事爲齊亂張本○寺如字又音侍寺人奄官名貂音彫豎上主反擅時戰反洩息列反又以制反

疏注寺人至張本

正義曰周禮內宰之屬有內小臣奄上士四人寺人王之正內五人內豎倍寺人之數寺人掌王之內人及女宮之戒令內豎掌內外之通令皆掌婦人之事是自內小臣以下皆用奄人爲官也鄭玄云豎未冠者之官名然則此人名貂幼童爲內豎之官以爲齊侯所寵後雖年長遂呼爲豎貂焉此時爲寺人之官故稱寺人貂也言漏師者漏泄師之密謀也漏師已是大罪此云始者言其終又甚焉故言始以爲齊亂張本

僖二

志反音式 及宣伯奔齊饋之宣伯僑如穆子之兄成十六年奔齊穆子饋宣伯○饋求位反餉也 宣伯曰魯以先子之故先子宣伯先人 將存吾宗必召女召女何如對曰願之久矣言冤始爲亂已則有今日之願蓋忿言○女音汝下同 魯人召之不告而歸既立在齊生孟丙仲壬魯

召之立爲卿襄二年始見經○見賢遍反下接見同 所宿庚宗之婦人獻以雉獻穆子 問其姓問有子否○問其姓女生曰姓姓謂子也 對曰余子長矣能奉雉而從我矣襄二年豎牛五六歲○長丁丈反下同奉芳勇反 疏 襄二至六歲○正義曰穆子還魯傳無歸歲襄二年始見於經疑是其年新還也成十六年傳云子叔聲伯使叔孫豹請逆于晉師於時豹猶在魯疑其因使而遂奔齊蓋自鄭過魯而去故得宿於庚宗成十六年出奔襄二年始還凡經五年故豎牛五六歲能奉雉也計豎牛至襄二年四歲也杜言五六歲者豎牛見穆子未必即以還年見之 召而見之則所夢也未問其名號之曰牛曰唯皆召其徒使視之遂使爲豎豎小臣也傳言從夢未必吉○唯維癸反徐以水反

階級

「凡野首皆五帝子孫用獨今之肺腑胥

見僂罷之」

風俗通義 十友

階級

紳士与聞公事与否

風俗通義十反末節劉勝杜密

階級

立后之禮

漢書文紀元年三月有司請立皇后皇太后曰立太子母竇氏爲皇后 何焯曰先建太子後立皇后此時代王之后先卒竇姬乃以子貴也 立皇后

稱太后命語蓋從之之意 立太子與上文詔令對

漢諸同姓天子蓋周之天子逆后於諸侯之國今詔侯皆同姓則不可援以舊制必貴於之故有此異之之議立衛夫於立后矣此等皆漢事之二三代始制之禮

況是時固亦有長沙王在乎

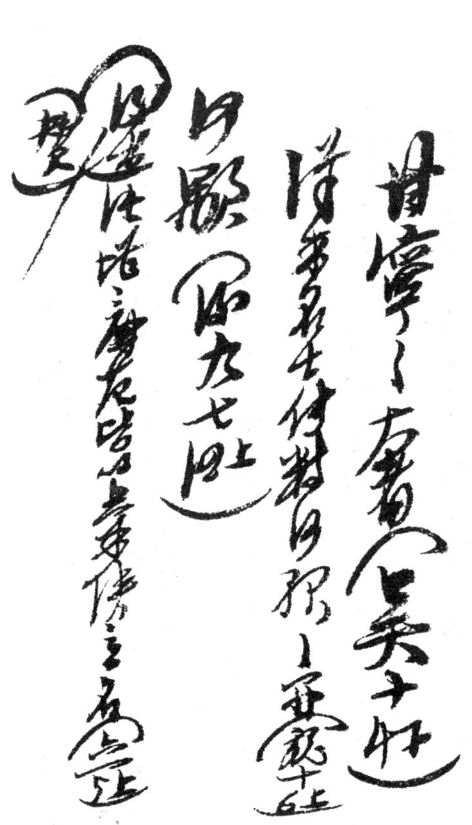

奴婢

發諸侯王列侯徒隸二萬人城長安（漢二下）

「李奇曰男女徒總名為奴」（漢刑法志注廿三下）

耕臣妾至虞人（四三下）

（芒山）[illegible]

[illegible]

39 [illegible]

[illegible]

（婢）38 [illegible]

奴婢二

[illegible]

[illegible]

[illegible]

[illegible]

奴婢自民爲奴婢（[illegible]） 食貨志徒奴婢官古隸

送徒（注）刑徒與奴婢異 刑法志事再注謨

[illegible]

注解：奴婢皆以入其家爲奴女子爲婢 非有價買之人

五十萬 稍免爲民 但種羞之 擬要之所 儺攏之也

人奴產子（唐陳勝傳之注）

漢蘇武傳　願因使者致金帛贖通國（五の卅）

漢衛青霍去病傳　季與主家僮衛媼通　同母曰僮

僮女之總稱也（五五上）

蒼頭不純黑以別於良人（漢鮑宣傳注　廿二上）

奴婢子

僮—頭妾僕の所）

漢王嘉傳 長安中 董賢家 賜及蒼頭奴婢令

錢 東市以賣蒼頭奴婢子言（八六上）

6

（[illegible]紀）即位詔猶如禪讓之[illegible]人[illegible]（[illegible]頁）

[illegible]七十[illegible]禪[illegible]（遺[illegible]）[illegible]（[illegible]頁）

（[illegible]之紀）[illegible]來[illegible]禪（[illegible]頁）

[illegible]英雄記「[illegible]」（九頁）

[illegible]不書[illegible]如禪讓[illegible]如禪[illegible]

[illegible]（四十二頁）

[illegible]禪[illegible]（[illegible]頁）

8

殤帝紀延平元年五月皇太后詔：自建武以來諸犯

禁錮，詔書雖解，有司持重，多不奉行，其皆復爲

「平民」（同9上）

桓帝紀建和三年五月乙亥詔：昔孝章帝愍前世禁

徙，故建初之元，並蒙恩澤，流徙者使還故郡，沒入

者免爲庶民。先皇德政，可不務乎！其自永建元年迄乎

今歲，凡諸妖惡，支親從坐，及吏民減死徙邊者，悉

歸郡，唯沒入者不從此令（同22）

9

階級

士

大夏二封建齊　師友親耕上大夫三等附下大夫之等

祿士田十井

王子修十年界則而名卿

世系相共為不得以其為士人之所有也　群是代耕則不耕

而耕則者為自耕者

若子向士之不耕者職為家　士之名田為不使耕

職也　士之名因為耕者為人之不行事

向士之名中定之為階級者人

階級（奴婢）

元代之高麗婢與崑崙奴

唐宋元時代中西通商史78

階級

唐代等級之制

見陶希聖中國政治思想史二六九頁

隋代奴婢

隋书煬帝紀：大業七年秋，大水。山東河南漂没三十餘郡。民相賣為奴婢。（三上）十二 四下 此史

又音樂志：及王僧辯破侯景，詔樂並送荊州。經亂，工器頗闕。元帝詔有司補綴，纔備。荊州陷沒，周人不知採用。工人有知音者，並入關中，隨例沒為奴婢。（十三上）

又食貨志：晉……江左……嶺外酋帥，因生口翡翠明珠犀象之饒，雄於鄉曲者，朝廷多因而署之，以收其利。歷宋齊梁陳，皆因而不改。（卅四上）

又都下人多為諸王公貴人左右佃客典計衣食客之類。皆無課

役。官品第一第二。佃客無過四十戶。第三品三十五戶。第四品
三十戶。第五品二十五戶。第六品二十戶。第七品十五戶。第八
品十戶。第九品五戶。其佃穀皆與大家量分。其典計。官品第一
第二置三人。第三第四置二人。第五第六及公府參軍殿中監
監軍長史司馬部曲督關外侯材官議郎已上一人。皆通在佃
客數中。官品第六已上。並得衣食客三人。第七第八二人。第九
品及輿輦跡禽前驅由基彊弩司馬羽林郎殿中冗從武賁持
椎斧武騎武賁持鈒冗從武賁命中武賁武騎一人。客皆注家
籍（冊の述）
又奴婢受田者。親王止三百人。嗣王止二百人。第二品嗣王已下

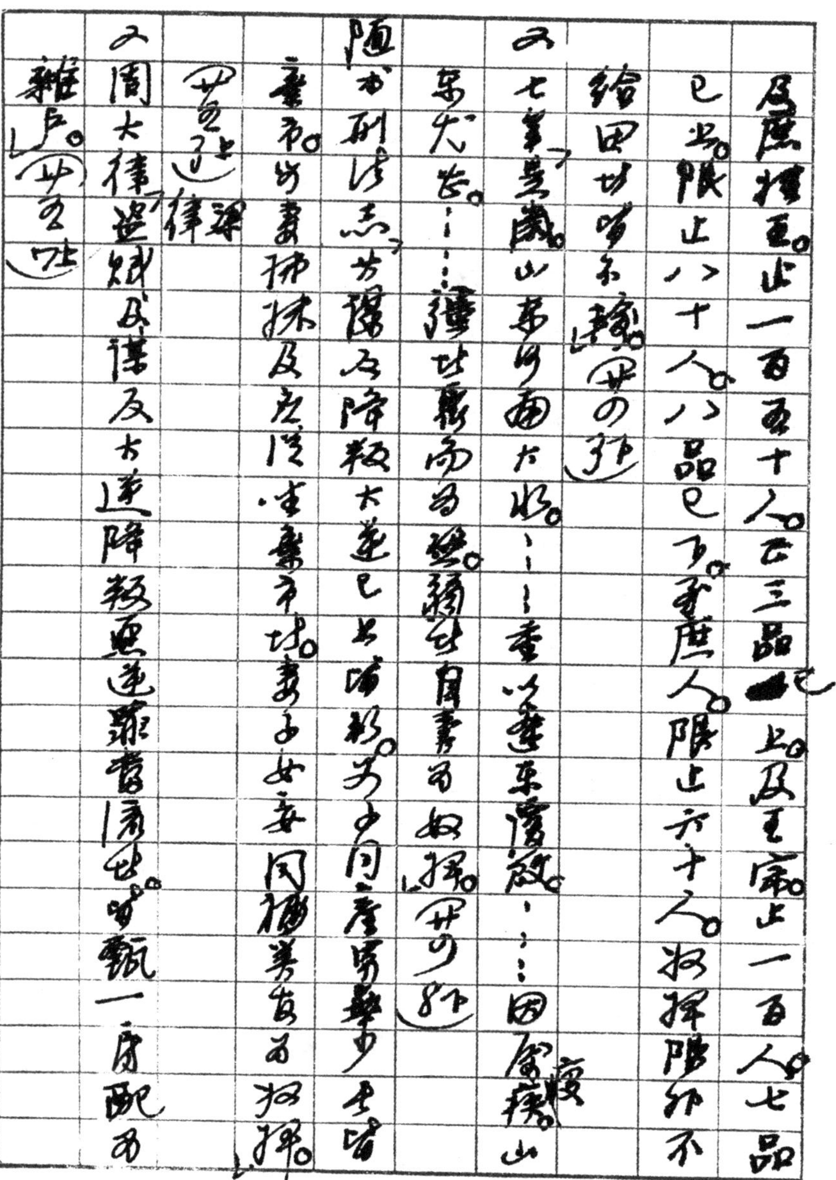
及庶姓王。止一百五十人。正三品已上。及皇宗。止一百人。七品已上。限止八十人。八品已下。至庶人。限止六十人。奴婢限外不給田者皆不輸。（卅四9下）

又七年。是歲。山東河南大水。……重以遼東覆敗。……因屬疫疾。山東尤甚。……彊者聚而為盜。弱者自賣為奴婢。（卅四8下）

隋書刑法志。梁律。謀反降叛大逆已上皆斬。父子同產男。無少長。皆棄市。母妻姊妹及應從坐棄市者。妻子女妾同補奚官為奴婢。（卅五3上）

又周大律。盜賊及謀反大逆降叛惡逆罪當流者。皆甄一房配為雜戶。（卅五4上）

隋書李穆傳：子雅，開皇中。……從太子西征吐谷渾。……賜奴婢百口。（卅七 2下）

又梁睿傳：平王謙，賜……賜奴婢一千口……（卅七 5下）北史 五九 8上

又于義傳[illegible]從……以勳賜田宅僮僕……前賜僮[illegible]僕。

賜奴婢三百口。（卅九 1下）北史 芸[illegible]

又陰壽傳：從武帝平齊……賜——奴婢百口。（卅九 2上）

又竇榮定傳：高祖受禪，來朝京師。[illegible]上顧謂群臣曰：勝[illegible]英雄

請。授柱[illegible]之時。竇榮定為之。賜馬三百匹，部曲八千戶而遣之。

（卅九 2上）

又元景山傳：從武帝平齊。[illegible]賜[illegible]物。……賜——奴婢五百五十

口四九　此

隋書宇文忻傳：與烏丸軌破陳將吳明徹於呂梁。進位柱國。賜奴婢二百口。（同四十卷）

又文四子傳：庶人秀……嘗自庶人幽閉，侍者不得與妻子相見，令給獠婢二人驅使。（同四十五卷）　此史

又蘇孝慈傳：其後檢校益州總管長史。會越嶲人王奉舉兵作亂，沙羅縣獠亦擾，討平之。賜奴婢百口。會蜀王秀廢，奏沙羅亦。至年為奴婢。貴乃誘糾左右勸之。又調[illegible]獠。令其奴婢河羅陰而不奏。由是除名。（同六十卷）

又權武傳：平……納以蠻帥奴婢雜畜。（同六十卷）　任……初，代高熲

南齊書左傳封胸……拔擢百口止（頁八止）（北史卷八宋傳 ……千止）有鮑

亨甘善屬文。嘗曾甘工草隸。無記南士人用高智慧得為寫數。

（述）此

又鄭榮傳任事和。為南市標手稅。……討之。識條無半。閣拔擢三

又鮑山。（頁千止）

又賢養衛傳議。……裘為南吏拔擢。……子懷亮。懷亮有文風。以

楊國公子拔儀同三司。武衛為拔。衛上諫不。（頁二止）（北史卷八六）

又李衍傳平……閣……拔擢二十口。（頁四止）

又杜彥傳從市者覺舉尉迴於杉亩。先拜有功。閣……拔擢三十

口。（頁四止）閣拔擢百餘口。（北史卷七三）

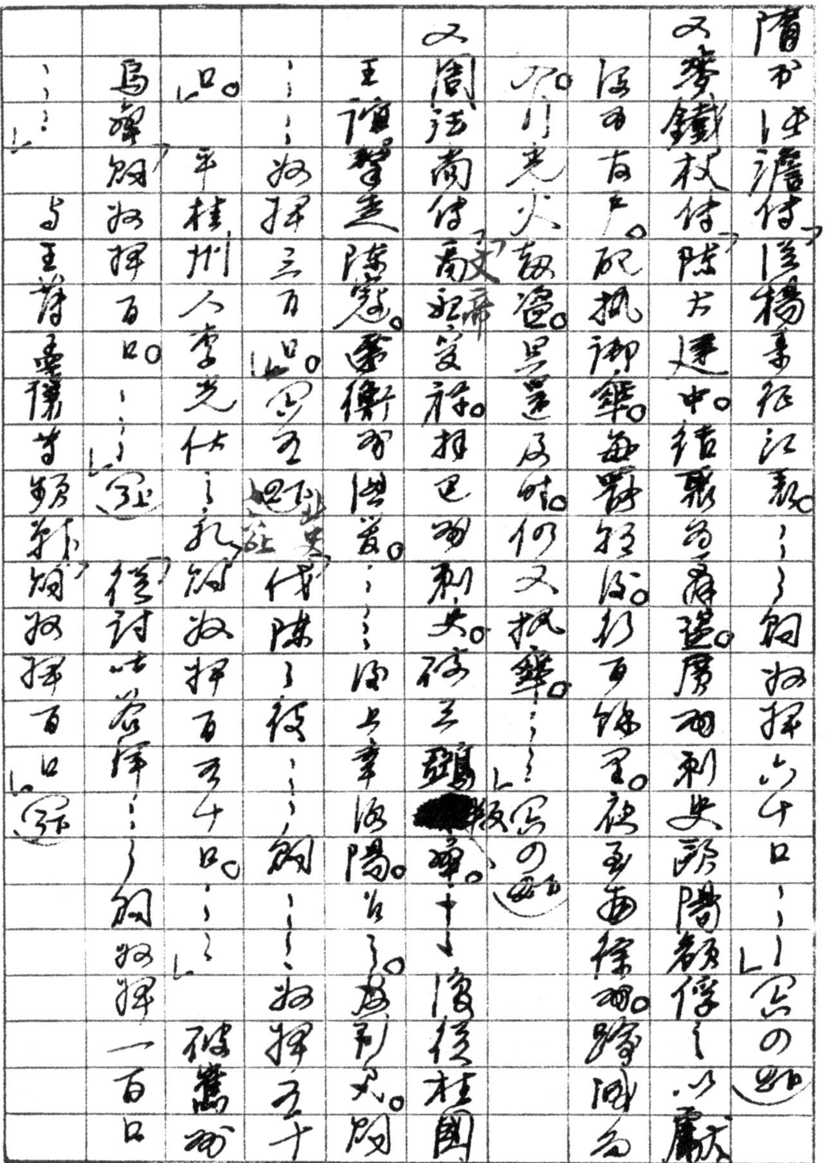

隋書李景傳：開皇九年，以行軍總管從王世積伐陳。陷陣有功。〃
〃賜奴婢六十口。〃〃〃（六五卅）擊叛蠻向思多。破之。賜奴婢
八十口。擊叱洋楊吉海。破之。〃〃〃賜奴婢六十口。〃〃〃（卷）
又慕容三藏傳：破鄯羌之子弟仲虔全屬，而賜奴婢百口。〃〃〃（六
五上）
又王仁恭傳：以驃騎將軍典蜀王軍事。山獠作亂。蜀王令仁恭討
平之。賜奴婢三百口。（六五上）
又房彥謙傳：〃〃〃陳平，奉詔安撫泉括等十州，以銜命稱旨，賜〃
〃奴婢七口（六六上）
又裴蘊傳：楊玄感之反也。帝遣蘊推其黨與〃〃〃蘊〃〃峻法

治之。所觀者數萬人。皆雜其家。帝大稱善。賜物段十五。出穴

七 [illegible] 北史 七の外 隋文帝

隋書閻毗傳。高祖受禪。以技藝侍東宮。數以琱麗之物取悅於皇太子。由是甚見親待。每稱之於上。尋拜車騎。宿衛東宮。上嘗遣高熲大閱於龍臺澤。諸軍部伍多不齊整。唯毗一軍。法制肅然。熲言之於上。特蒙賜帛。俄兼太子宗衛率長史。尋加上儀同。太子服玩之物。多毗所為。及太子廢。毗坐杖一百。與妻子俱配為官奴婢。後二歲。放免為民。（以上北史）

隋書趙元淑傳。父世模。……從伐陳。先鋒遇賊。力戰而死。朝廷以其子死王事。令子元淑襲父本官。……元淑拜驃騎。不事生產。家

徒隸之。以戰功授驃騎將軍。將之官。年所自給……長安富人
宗遠。妻以女，遣從送奴婢二十口，良馬十餘匹，加以縑帛錦綺、
及金寶珍玩之物，並為富人。（卷七十孫）
隨書裴仁基傳：從將軍李景討叛蠻……賜奴婢百口……（卷七十）
又酷吏傳趙仲卿：蜀王秀之將羅。其從往益州，窮按之。責賓客往
還之。文帝仲卿為深文巧詆。帝稱其平。賞賜甚厚。上以為能，賞奴
婢五十口。……（卷七四）究 此史
又崔弘度傳：……威嚴。……賜……奴婢百口……（卷七四）
又藝術傳庾季才：周太祖（文帝）一見季才，深加優禮。令參掌太史。每有
征討，恒預侍從。賜宅一區，水田十頃，并奴婢牛羊什物等。謂季才

才曰。卿是南人。未安北土。故有此訪者。將傷卿面諸之心。宜盡
謀。軍翰責不容貴相參。鄴都陷也。衣冠士人。多沒爲賤。李
才散所賜物。贖求親故。文帝問曰。得者山東李才曰。儀同魏道襄
陽。先賂異度。晉平建業。喜得士衡。伐國求賢。古之道也。今鄴都
覆敗。若信有罪。縉紳何器。脩爲騎驛。御人爲報。不敢獻言。識切
哀之。收贖數取。太祖乃悅曰。霸之道也。徹矣。遂失天下之論。因
出。令見學■爲擬擇其數千口。（四七八）
隋書藝術傳。盧太翼。博綜群書。爰及佛道。皆得其精微。尤善占候
算曆之術。……皇太子勇聞而召之。……及太子廢。坐法當死。
高祖惜其才而不害。配爲官奴。久之乃釋。（四七八三）

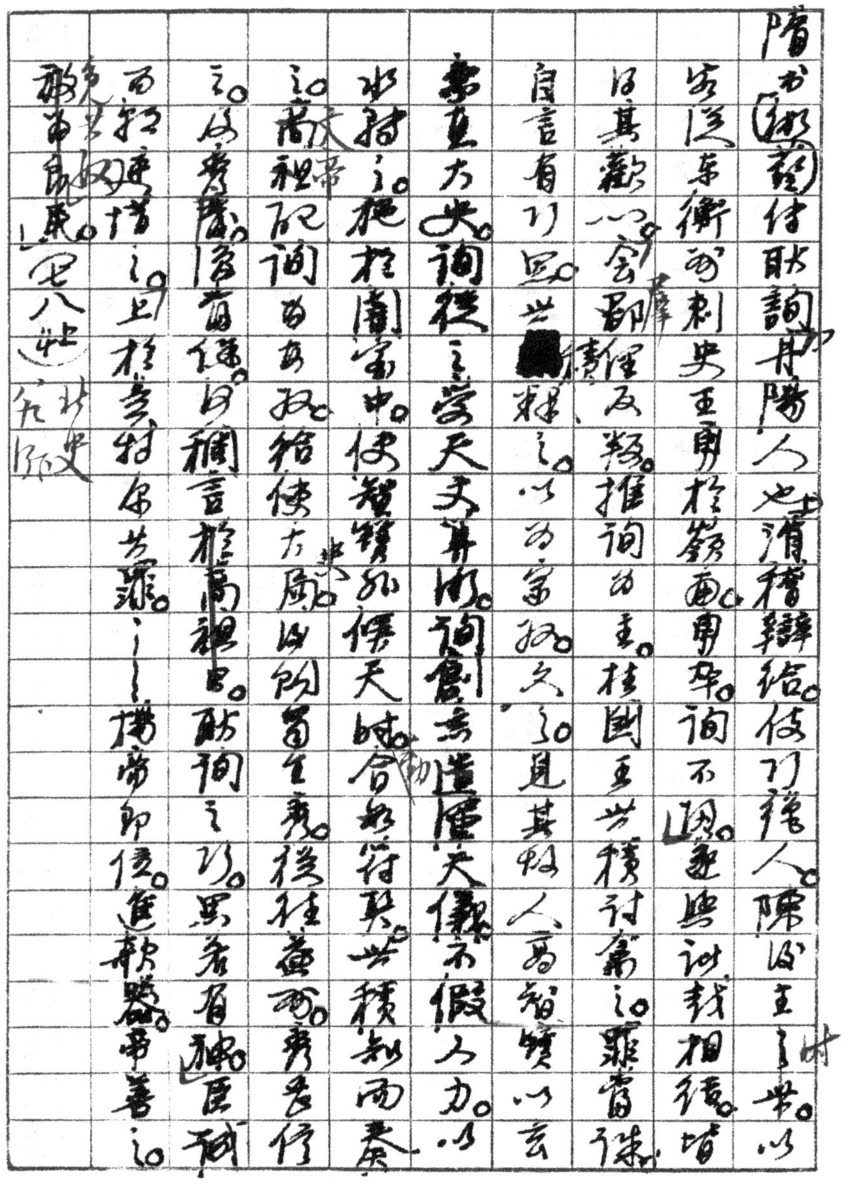

隋書（藝術傳）耿詢，丹陽人也。滑稽辯給，伎巧絕人。陳後主之世，以客從東衡州刺史王勇於嶺南。勇卒，詢不歸，遂與諸越相結，皆得其歡心。會郡俚反叛，推詢為主。柱國王世積討擒之，罪當誅。自言有巧思，世積釋之，以為家奴。久之，見其故人高智寶以玄象直太史，詢從之受天文算術。詢創意造渾天儀，不假人力，以水轉之，施於闇室中，使智寶外候天時，合如符契。世積知而奏之，高祖配詢為官奴，給使太史局。後賜蜀王秀，從往益州，秀甚信之。及秀廢，復當誅。何稠言於高祖曰：「耿詢之巧，思若有神，臣誠為朝廷惜之。」上於是特原其罪。……煬帝即位，進欹器，帝善之，放為良民。（卷七八）

隋書藝術傳萬寶常……父大通。從梁將王琳投齊。後復謀還江南。事泄，伏誅。由是寶常被配爲樂户。此民入奴。（北史作卒）

又宇文化及傳：左翊衛大將軍述之子也。……其弟士及尚南陽公主。大業初，煬帝幸榆林，化及與弟智及違禁與突厥交市。帝大怒，囚之數月。還至青門外，欲斬之而後解髮以公主故，久之乃釋。并智及並賜述爲奴。述薨，煬帝追憶之，遂起化及爲右屯衛將軍，智及爲將作少監。只至此

又段達傳：破陳之役，籌於宮寢。……閱括丁口。只至此

北史隋本紀：開皇九年平陳，宮人數千，可將射將之，其餘以分賜將士及王公貴臣。（北史一卷）

又大蒐之第二月。乙巳。我貢路將陪穫射讀大夫以鑄擊流水。彼

之。故僅得之千巳。經傳所有五。(甲二下)

階級

分人為等級

柏拉圖知此即莫爾之烏托邦實但以知識分耳 烏托邦與以哲學家為治者

希臘之奴隸之無家人僅以為其知僅足治生產耳 亞里斯多德以為是生命之真理於勞者為主勞力者為奴

梭倫分人為四級
謂我與人民之權按其分
柏拉圖主因才定分循分受職

柏拉圖云金質之人宜於握理時為哲人宜治國 銀質
之人宜於握氣時為軍人銅鐵質之人宜于[illegible]宜治生
產民哲人之知軍人之勇是為全才不待法而治

又曰軍人爲治則武力政體之事生產之人爲治則

實頭政體之（市儈）　軍人奢侈之城市儈賈民起爲

賈民專政競奢勇好爭成群人

社会

一年太夫から人由十六階

一 叢　二 上　三 禅師　四 古實　五 学究

六 藝士　七 道人　八 行脚　九 僧徒　十 幕客

十一 職商　十二 采飲客　十三 方面客　十四 牢客

十五 善隠者　十六 鹿禅人　見て氏擬草存し

道依

中國生計

中國生利分利人類及其數

農民商賈　約三萬萬

本分之外

分利者

乞丐

盜竊　共約五千萬

棍騙

僧道　約卌萬

紈袴子弟

浪子　共約五百萬

兵勇及應武試者　約四千萬

官吏之一大半　不下約二千餘萬

緣附于官以爲養者　約四千萬

士子[illegible]

婦女之一大半　共一萬萬二三百千萬

男力不足

勢所難

廢疾　約千萬

罪人　約四十萬

奴婢　約五十萬

優伎

讀書人　約三百萬

教師

官吏之一小半

商賈之[illegible]

農民之[illegible]者　約三百萬

無[illegible]不[illegible]緣[illegible]者　約百萬

工分中國人爲五大族[illegible]民[illegible]大[illegible]之

一[illegible]族

不知者十之五者矣

二條柳様
三方様
局様
五十寸木様

関外君候与後八学関内
并一斗初若
多初若十二
多初若十七
多初若十

階級

元分人十等 中國民族史下冊 81

階級

野蠻人論家世

是利人財自潤其世系六千五世至稱天地

毛

利人之計世系兼父母兩方推繫發

階級

階級等差

萬民之分　貴族之親疏階等差所由起

一成年之試驗

乃甚苦甚勞作 詳見初民社會318 319

階級

以服飾示别

原起甚早

階級

待被征服人之異

波斯巴比侖以為奴隸　羅馬以為市民

政治法律皆同

陵

癸巳存稿二　士臣妾義

士有臣妾

階級

孔子弟子多起微賤

先秦諸子繫年考辨七七

階級

原階級

低級社會所異者惟名望 名望皆由才德無世襲

才德之異生物自然所賦之羣亦能知之矣

種族 雜居

民族 如酋長僧侶限△氏族 一氏族有一定職業

年齡 普通分兒童 可昏嫁者已昏嫁者三級

性別

等級之原

宗教

才德　如武勇慷慨

財富　如資財多者共產勢力

職業

會社

俘虜　如奴隸　是為不盡務民之民然此如之奴　亦于一千多年間　國多而為奴隸者

與俘虜有別甚　如隸不盡皆者

於是嬰乃禮文使主家待賓客賓客日進名聲聞於諸侯諸侯皆使人請薛公田嬰以文爲太子嬰許之嬰卒謚爲靖郭君【集解】駰案皇覽曰靖郭君冢在魯國薛城中東南陬【索隱】謚爲靖郭君者謂死後別號之曰靖郭耳則靖郭或封邑號故漢齊王舅父駟鈞封靖郭侯是也陬音鄒亦音諏陬者城隅也而文果代立於薛是爲孟嘗君孟嘗君在薛招致諸侯賓客及亡人有罪者皆歸孟嘗君孟嘗君舍業厚遇之【索隱】舍音捨業者弃其家産業而厚事賓客也劉氏云舍音赦謂爲之築舍立居業也以故傾天下之士食客數千人無貴賤一與文等

太史公曰吾嘗過薛其俗閭里率多暴桀子弟與鄒魯殊問其故曰孟嘗君招致天下任俠姦人入薛中蓋六萬餘家矣世之傳孟嘗君好客自喜名不虛矣

孟嘗君列傳

周文王之法曰有亡荒閱荒大也閱蒐也有亡人當大蒐其衆○女音汝爲於虔反閱音悅蒐所由反所以得天下也吾先君文王楚文王作僕區之法僕區刑書名○僕區烏侯反徐如字服云僕隱也區匿也爲隱匿亡人之法也疏注僕區刑書名○正義曰引其言戒刑法知是刑書名也名曰僕區未知其義服虔云僕隱也區匿也爲隱匿亡人之法也曰盜所隱器隱盜所得器與盜同罪所以封汝也行善法故能啟疆北至汝水疏注行善至汝水○正義曰文王之法所以得天下言行善法所以得爲天子也僕區之法所以封汝言去盜賊所以大啟封疆也哀十七年傳曰彭仲爽申俘也文王以爲令尹實縣申息朝陳蔡封畛於汝是文王啟疆至汝水若從有司是無所執逃臣也逃而舍之是無陪臺也言皆將逃王事無乃闕乎昔武王數紂之罪以告諸侯曰紂爲天下逋逃主萃淵藪萃集也天下逋逃悉以紂爲淵藪澤而歸之○數色具反又色主反逋布吳反萃在醉反藪素口反疏昔武至淵藪○正義曰此在尚書武成篇也武王既克殷歸至于豐乃陳伐紂之事告於諸侯言將伐之時以商之罪告于皇天后土所過名山大川曰今商王受無道暴殄天物害虐烝民爲天下逋逃主萃淵藪是言天下罪人逋逃者以紂爲主集而歸之如魚入深淵獸奔藪澤也故夫致死焉人欲致死討紂○夫音扶又方于反君王始求諸侯而則紂無乃不可乎若以二文之法取之盜有所在矣言王亦爲盜王曰取而臣以往往去之盜有寵未可得也盜有寵王自謂爲葬靈王張本遂赦之赦無宇

族氏

說文[illegible]部[illegible]人[illegible]

鼓

古[illegible]言 古作民[illegible]商

[illegible]

中庸子庶民[illegible]人之中

求古錄禮說釋民

作是此文作氏則字之異耳寬者然曰俞云寬者下當有闕文蓋言其土地之廣大也故下文以然字作轉語按疑當作寬然曰者乃衍文寬當為囂之借字聲義並與讙同說文㗊部云囂呼也讀若讙寬囂同以莧聲古通用言今大國之君皆囂然爭持攻國之論也俞說非吾處大國而不攻小國吾何以為大哉是以差論蚤牙之士蚤吳鈔本作爪非攻中下二篇並作爪比列其舟車之卒俞云卒下脫伍字非攻下篇作皆列其舟車之卒伍是其證也皆列即比例以攻罰無罪之國罰當從非攻下篇作伐入其溝境王云溝境二字不詞當依非攻篇作邊境此涉下文溝池而誤也刈其禾稼斬其樹木殘其城郭史記樊酈滕灌傳集解引張晏云殘有所毀也以御其溝池王引之云御字義不可通御當為抑抑之言堙也謂壞其城郭以塞其溝池若周語所云墮高堙庳也史記河渠書禹抑鴻水索隱曰抑漢書溝洫志作堙堙抑皆塞之也是抑與堙同義非攻篇作湮其溝池湮亦堙也隸書抑字或作抑見漢校官碑御字或作御見帝堯碑二形相似而誤焚燒其祖廟攘殺其犧牷吳鈔本作牲民之格者則勁拔之畢云勁舊作勁从力非勁拔即到制拔音同制詒讓按勁拔疑勁殺之誤非攻下篇云勁殺其萬民殺與拔篆文相近而誤不格者則係操而歸畢云係一本作繫王引之云民可係而歸不可操而歸古亦無以係操二字連文者操當為纍即孟子所謂係累其子弟也纍誤為彔後人因改為操耳按王校是也孟子梁惠王篇趙注云係累猶縛結也丈夫以為僕圉丈舊譌大顧云當為丈王引之宋翔鳳校並同今据正左傳文十八年杜注云僕御也周禮夏官鄭注云養馬曰圉畢云圉舊作園以意改胥靡史記賈誼傳云傅說胥靡索隱引徐廣云胥靡腐刑也晉灼云胥相也靡隨也古者相隨坐輕刑之名莊子庚桑楚篇釋文引司馬彪云胥靡刑徒人也崔譔云腐刑也荀子儒效篇楊注云胥靡刑徒人也胥相靡繫也謂鐵相聯相繫漢書所謂銀鐺者也顏師古曰聯繫使相隨而服役之猶今囚徒以鐵連枷也按尚賢中篇說傅說被褐帶索庸築乎傅巖即史記所謂胥靡則當為刑徒役作之名徐崔說誤婦人以為舂酋吳鈔本婦作嬪酋作因誤畢云周禮云其男子入于辠隸女子入于

天志下

舂槀。又說文云：酋，繹酒也。禮有大酋，掌酒官也。未詳婦人爲酋之義。酋與舀聲形相近。說文云：抒臼也，亦舂槀義。與王云畢以酋爲或舂或舀之舀，非也。說文：酋，繹酒也，从酉，水半見于上。禮有大酋，掌酒官也。月令注：酒孰曰酋。据此則酒官謂之酋者，以其掌酒也。然則女奴之掌酒者，亦得謂之酋矣。周官酒人女酒三十人，奚三百人。鄭注曰：女酒，女奴曉酒者。古者從坐男女沒入縣官爲奴，其少才知以爲奚。是其證。惠士奇禮說曰：酒人之奚多至三百，則古之酒皆女子爲之，即墨子所謂婦人以爲舂酋也。宋翔鳳云：呂氏春秋精通篇云：臣之父不幸而殺人，不得生；臣之母得生，而爲公家爲酒。則此言舂酋者，或爲舂，或爲酒也。按畢說是也。周官舂人有女舂抌二人，鄭注云：女舂抌，女奴能舂與抌者。抌，抒臼也。說文舀或作抌。此以舂酋連文，則酋即抌之段字可知。墨、呂二書義本不同，王、宋說非。則夫好攻伐之君，不知此爲不仁義，以告四鄰諸侯曰：吾攻國覆軍，殺將若干人矣。其鄰國之君亦不知此爲不仁義也，有具其皮幣，有與又通，下同。發其總處，畢云：未詳。說文、玉篇無總字。詒讓按：總，吳鈔本作総，即總之俗，于義亦無取。疑總處當作徒遽。徒正字作赴，隸變或作徒，彳與糸相似，止與心相似，遽譌作總耳。遽、處亦形近而誤。國語吳語云：徒遽來告。韋注云：徒，步也；遽，傳車也。周禮行夫注云：遽，若今時乘傳騎驛而使者也。發其徒遽，謂使人致賀于攻伐之國，必起發卒徒車馬以從行也。或云總當爲縱之譌，縱隸古或作縱，右半形與忽相類。縱又從之借字，縱處即從遽，亦通。使人饗賀焉。饗當讀爲聘亯之亯。周禮玉人鄭注云：亯，獻也。則夫好攻伐之君，有重不知此爲不仁不義也，有書之竹帛，藏之府庫，爲人後子者，後子即嗣子，詳節葬下篇。必且欲順其先君之行，曰：何不當發吾府庫，舊本挩府字，王据上文補。視吾先君之法美。王云：法美二字義不相屬，美當爲義字之誤也。少儀言語之美，鄭注：美當爲儀。按美乃義字之誤，義即古儀字，法義即法儀也。前有法儀篇云：天下從事者，不可以無法儀。非命篇曰：先

陳軫者游說之士與張儀俱事秦惠王皆貴重爭寵張儀惡陳軫於秦王曰軫重幣輕使秦楚之間將爲國交也今楚不加善於秦而善軫者軫自爲厚而爲王薄也且軫欲去秦而之楚王胡不聽乎王謂陳軫曰吾聞子欲去秦之楚有之乎軫曰然王曰儀之言果信矣軫曰非獨儀知之也行道之士盡知之矣昔子胥忠於其君而天下爭以爲臣曾參孝於其親而天下願以爲子故賣僕妾不出閭巷而售者良僕妾也出婦嫁於鄉曲者良婦也今軫不忠其君楚亦何以軫爲忠

如擇

肩賣或肩之原

其時無土地可肩賣

君子小人物有服章貴有常尊賤有等威

階級

左宣十二

孔勢下等人

役

君子信

階級

君子稱其功以加小人，小人伐其技以馮君子　左襄十三

欒郤胥原狐續慶伯降在皁隸　左昭三　東山所謂無世臣也

天有十日人有十等　左昭七

家臣而欲張公室罪莫大焉　昭十四

此刖也不死反安邪將為國　定九

庶人工商遂人臣隸圉免　左哀二

階級

信乎以為人家婦者久，奉字他子贅壻者稱

……贅壻蓋家奴也。漢書嚴助傳：民待賣爵贅子以接衣食。如淳注：淮南俗賣子與人作奴婢，名曰贅子，三年不能贖，遂為奴婢。淮南本經：贅妻鬻子。是此顏師古曰：贅而不贖，主家以女匹之，則謂之贅壻。宋祁贅子亦同此說。余謂贅壻殆主家以女相配者

穀價與吏民已命其並列，以穀價本可相歸也。

漢書陳勝傳，徒人免騰山徒人相屬子。仰吉曰：如在子，

揚令人富家生相也。……揚……穫穀價子矣。識

五子傳：良富人家亦如奉子勸也。穀價而享如，

以賤錯。價于賤，穀價也……價于之后價，極

英帝之推歸矣。……

增役

閱第(三)7下(六)4下(十)4上(十二)3上

(十九)5上

附錄

[illegible]

隋

戰國　戰於秦千乙代

因獲之の

戰法　技擊

又

詩曰妻子好合如鼓瑟琴兄弟既翕和樂且耽宜爾室家樂爾妻帑琴瑟聲相應和也翕合也耽亦樂也古者謂子孫曰帑此詩言和室家之道自近者始○好呼報反翕許急反樂音洛下及注同耽丁南反帑音奴子孫也本又作孥同尚書傳毛詩箋並云子也杜預注左傳云妻子也應應對之應和胡臥反子曰父母其順矣乎謂其教令行使室家順○

疏子曰至妻帑○正義曰以上雖行道在於已身故此一節覆明行道在身之事以射譬之○射有似乎君子者言凡人之射有似乎君子之道○失諸正鵠反求諸其身者諸於也求責也正謂賓射之侯鵠謂大射之侯言射者失於正鵠謂矢不中正鵠不責他人反鄉自責其身言君子之人失道於外亦反自責於已君子之道譬如行遠必自邇譬如登高必自卑者自從也邇近也卑下也行之以遠者近之始升之以高者卑之始言以漸至高遠不云近者遠始卑者高始但勤行其道於身然後能被於物而可謂之高遠耳○詩云妻子好合如鼓瑟琴兄弟既翕和樂且耽此小雅常棣之篇美文王之詩記人引此者言行道之法自近始猶如詩人之所云欲和遠人先和其妻子兄弟故云妻子好合情意相得如似鼓彈瑟與琴音聲相和也兄弟盡皆翕合情意和樂且復耽之耽之者是相好之甚也宜爾室家樂爾妻帑者宜善爾之室家愛樂爾之妻帑帑子也古者謂子孫爲帑故甘誓云予則帑戮汝於人則妻子爲帑於鳥則鳥尾爲帑左傳云以害鳥帑是也○子曰父母其順矣乎者○正義曰因上和於遠人先和室家故此一經次之父母其順矣乎謂父母能以教令行乎室家其和順矣乎言中庸之道先使一室家和順乃能和順於外即上云道不遠施諸已□

中庸

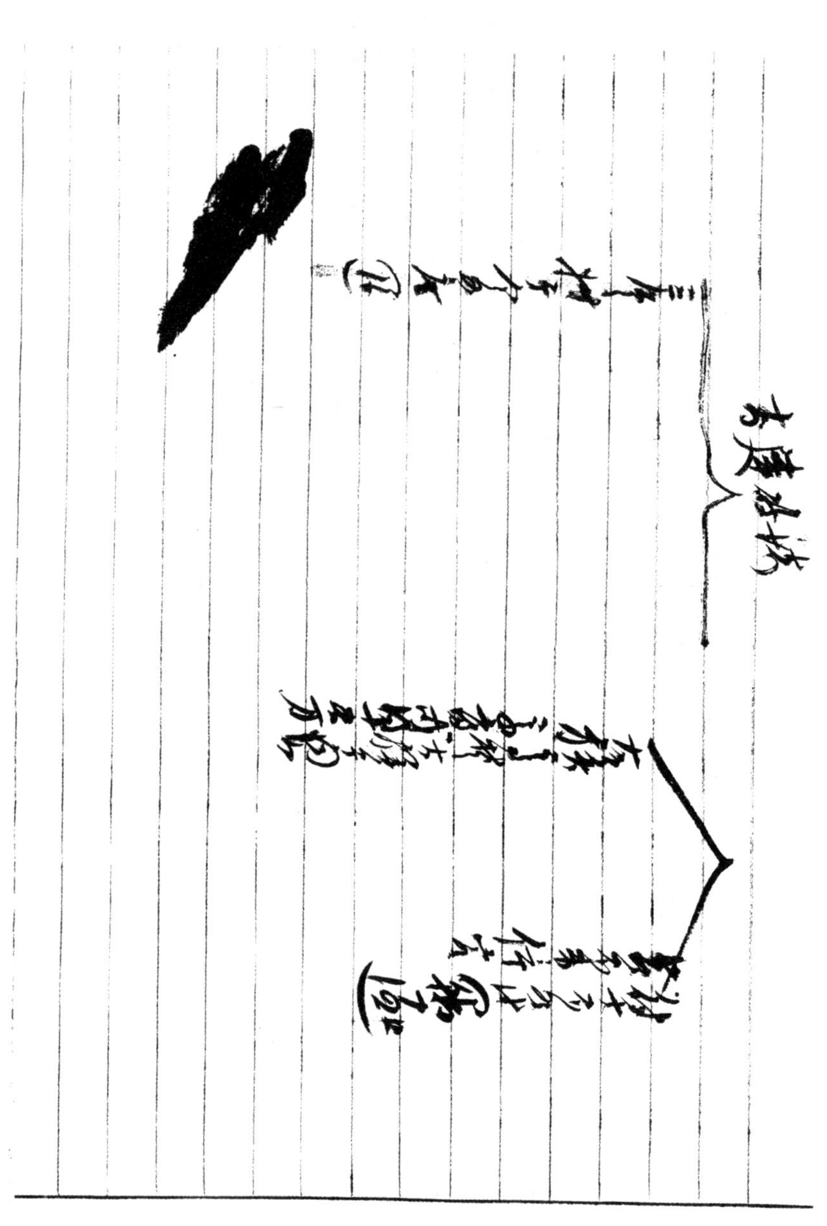

階級

君子＝卿大夫國中賢者

礼通例大夫以稱貴人君子言所

凡侍

坐於君子君子欠伸問日之早晏以食具告改居則請退可也君子謂卿大夫及國中賢者也志倦則欠體倦則伸問日晏近於久也具猶辯也改居謂自變動也古文伸作信早作蚤

疏凡侍至可也○注君子至作蚤○釋曰此陳侍坐於君子之法鄭云君子卿大夫者禮之通例大夫得稱君子亦得稱貴人而士賤不得也知及國中賢者者鄉射禮云徵唯所欲以告於鄉先生君子可也鄭云鄉先生鄉大夫致仕者君子有大德行不仕者則曲禮云博文強識而讓敦善行而不怠謂之君子是也云志倦則欠體倦則伸鄭注曲禮亦然云古文伸作信早作蚤者此二字古通用故大宗伯云侯執身圭爲信字詩云一之日其蚤獻羔祭韭爲蚤字既通用疊古文者據字體非直從今爲正亦得通用之義也

儀礼士相見礼

階假

聞始見君子者辭曰某固願聞名於將命者君子卿大夫若有異德者固如故也將猶奉也即君子之門而云願以名聞於奉命者謙遠之也重則云固奉命傳辭出入○始見賢遍反下文注除注二相見並同聞名如字徐音問注皆同嗛音謙本又作謙遠于萬反重直用反傳文專反下傳辭同疏聞始至命者○正義曰此一經論見君子之法但此一篇雜明細小威儀不復局以科段各隨文解之○聞始見君子者謂作記之人心自謙退不敢自專制其儀而傳聞舊說故云聞始見君子者謂始欲見君子貴勝之人○辭曰某固願聞名於將命者○辭客之辭也某客名也再辭曰固固如故也聞名謂名得通達也將命謂傳辭出入通客主之言語者也客云願以已名使通聞於將命之人也然客賓願見君子而云願聞名於傳命者不敢必斥見於君子但願將命者聞之而已不云初辭而云固者欲明主人不即見已已乃再辭故云固也若初辭則不云固當惟云某願聞名於將命者耳○不得階主階上進者言賓之辭不得指斥主人○上時掌反○疏正義曰解上經文云聞名之義也階進也主謂主人也客宜卑退故其辭不得斥進主人也○注階上進者○正義曰階是等故人升階必上進故以階為上進隱義云階可升上故云上進也適者曰某固願見敵當也願見願見於將命者謙也○疏正義曰此明敵體始相見言敵體不謙故云願見也雖云願見亦應云願見於將命者因上已有故此畧之又云固者義亦如前罕見曰聞名罕希也希相見雖於敵者相為尊主之辭如於君子○罕見賢遍反疏正義曰前二條明始相見此明已經相見而疏者罕少也若少見尊者辭云願聞名於將命者若少見敵者亦云願聞名於將命者然敵者始來曰願見重來而疏翻曰聞名者亦獎之使不疏也或云始來禮隆故尊卑宜異重來禮殺故宜同也○注罕希至君子○正義曰案爾雅釋詁文罕希也是罕得為希云希相見雖於敵者猶為尊主之辭如於君子者尊而希者故宜同於始來相見敵而希者其辭重於始來故鄭偏解之也○亟見曰朝夕亟數也於君子則曰某願朝夕聞名於將命者於敵者則曰某願朝夕見於將命者○亟去冀反注及下同數色角反○瞽曰聞名瞽無目也以無目辭不稱見疏亟見至聞名○正義曰此謂數相見者也亟數也若數見尊者則其辭云某願朝夕聞名於將命者若數見敵者則云某願朝夕見於將命者○注亟數也○正義曰爾雅釋詁文○瞽曰聞名者瞽無目也其來不問見貴賤則並通云願聞名於將命者其目無所見故不云願見

少仪

階級

階級

瓠葉大夫刺幽王也上棄禮而不能行雖有牲牢饔餼不肯用也故思古之人不以微薄廢禮焉

牛羊豕爲牲繫養者曰牢熟曰饔腥曰餼生曰牽不肯用者自養厚而薄於賓客。瓠戶故反牢老刀反雍於恭反字又作饔餼許氣反腥音星

疏 瓠葉四章章四句至廢禮焉。正義曰瓠葉詩者周大夫所作以刺幽王也以在上位者棄其養賓之禮而不能行雖有牲牢饔餼之物而不肯用之以行禮故作詩者思古之人不以菹羞微薄而廢其禮焉言古之人賤者尚不以微薄廢禮則當時貴者行之可知由上行其禮以化下反駁今上棄其禮而不行也今在上者尚棄禮不行卑賤者廢之明矣舉輕以見重是作者之深意也經四章皆上二句言菹羞之薄下二句言行禮之事是古之人不以微薄廢禮也。箋云牛羊豕至賓客。正義曰孝經云三牲之養則牲兼三畜故牛羊豕曰牲也公劉曰執豕于牢地官充人掌繫祭祀之牲牷祀五帝則繫於牢芻之三月牢者牲所居之處故繫養者爲牢也天官內外饔皆掌割亨之事亨人掌外內饔之爨亨煑肉之名故熟曰饔既爲熟則餼非熟矣僖三十三年左傳曰餼牽竭矣餼與牽相對是牲可牽行則餼是已殺殺又非熟故知腥曰餼謂生肉未煑者也既有饔餼遂因解牽使肉之別名皆盡於此此與牽饔相對故餼爲腥其實餼亦生哀二十四年左傳云晉師乃還餼臧石牛是以生牛賜之也論語及聘禮注云牲生曰餼而不與牽饔相對故爲生也凡言禮者皆與人行事經陳獻酢與賓客爲禮故知不肯用者自養厚而薄於賓客

幡幡瓠葉采之亨之君子有酒酌言嘗之

幡幡瓠葉貌庶人之菜也箋云亨熟也熟瓠葉者以爲飲酒之葅也此君子謂庶人之有賢行者也其農功畢乃爲酒漿以合朋友習禮講道藝也酒既成先與父兄室人亨瓠葉而飲之所以急和親親也飲食而曰嘗者以其爲之主於賓客賓客則加之以羞易兌象曰君子以朋友講習。幡孚煩反亨普庚反注同葅莊魚反行下孟反兌徒外反易卦名也訓悅

疏 幡幡至嘗之。正義曰幡幡然者是瓠之葉也我君子令人采取之既得而又亨煑之釀以爲飲酒之葅也庶人農功畢乃有牲牢饔餼而不肯用故以刺之也。傳幡幡至之菜。正義曰士禮有特牲豚豕此止言瓠葉與兔首明非有位之君子賢者有酒令人酌此酒我當與父兄室人嘗而飲之所以相親愛也言古者不以微薄而廢禮尚亨瓠葉而用之今

十三經注疏 詩十五之三 小雅 魚藻之什 十

牲牢饔餼 享

君子謂庶人有賢行者

庶人今能爲講肄之禮

禮不下庶人，但不能備其禮而行之禮耳

于思爲白頭

人故言庶人之菜七月云八月斷壺卽言食我農夫彼雖瓠體與此爲類明亦農夫之菜故箋申之云庶人有賢行者。箋亨孰至講習。正義曰序云不以微薄廢禮下連君子有酒故知亨孰瓠葉者以爲飲酒之菹知爲菹者以禮飲酒有菹醢故也此美君子行禮而亨庶人之葉故知君子是庶人有賢行者也庶人而能爲酒以行禮者以其農功畢則閑而無事於此之時乃爲酒漿以合會朋友習行禮事講其道藝故也以民在田畝必無容暇故知農功畢而爲之以三時務農將闕於禮故爲酒會朋友以講習之此酒爲朋友而釀先言嘗之則未與朋友賓客飲也故知酒既成先與父兄室人亨瓠葉而飲之酒爲朋友所作而與父兄先飲是所以急和親親亦是爲行禮也又解飲酒而曰嘗者以其爲之主於賓客故也以此嘗之言故知爲酒將以會朋友也作酒本爲行禮和親亦是禮事欲見敬重賓客故言嘗以美之以此在獻前又無殺羞明與下章事别故知與父兄室人室人者卽家內之小大皆是也賓客則加之以羞者明重得兼輕此父兄直有菹賓客亦有菹又有兔爲之羞鄉飲酒及燕禮是爲大禮雖有牲殺尚有菹醢明賓雖有羞亦有菹故云加之也引易兌象曰君子以朋友講習者以此與賓客卽朋友也所會朋友必爲講習以易有此言以著義故知此合朋友爲習禮講藝故引以證之講習必非農時故知農功畢意亦出於此文也

有兔斯首炮之燔之君子有酒酌言獻之

毛曰炮加火曰燔獻奏也箋云斯白也今俗語斯白之字作鮮齊魯之間聲近斯有兔白首者兔之小者也炮之燔之者將以爲飲酒之羞也飲酒之禮既奏酒於賓乃薦羞每酌言言者禮不下庶人庶人依士禮立賓主爲酌名。兔他故反下同斯首毛如字此也鄭作鮮音仙白首也炮本作炰白交反燔音煩近附近之近下遐嫁反

疏 有兔至獻之。毛以爲古人行禮有兔之斯首謂唯有一兔雖微耳尚并毛而炮之加火而燔之以爲飲酒之羞君子之賢者有酒令酌之我當以此酒奏獻之於賓以行禮也古之人不以微薄廢禮今乃有牲牢而不用故刺之鄭唯斯首謂白頭爲異餘同。傳毛曰至獻奏。正義曰地官封人云毛炮之豚注云爛去其毛而炮之唯肉炮內則炮取豚若將編萑以苴之故去毛炮之此述庶人之禮傳直言毛曰炮當是合毛而炮之未必能如八珍之食去毛炮之也毛無改字之理斯字當訓爲此王肅孫毓述毛云唯有一兔頭耳然案經有炮之燔之且有炙之則非唯一兔首而已既能有兔不應空用其頭若頭既待賓其肉安在以事量理不近人情蓋詩人之作以首表兔唯有一兔卽是不以微薄廢禮也爲肉至薄明是并毛炮之不可爛矣箋言鮮者毛炮之亦當然也加置於火上是燔燒之故言加火曰燔以獻酒者必奏進於賓故言獻奏也。箋斯白至酌名。正義曰鄭以斯首以見兔小與毛爲異斯爲兔首之色故言斯白也又解斯得爲白之意今俗斯白之字當作鮮以鮮明是絜白之義故也鮮而變爲斯者齊魯之間其語鮮斯聲相近故變而作斯耳宣二年左傳曰于思于思服虔云白頭貌字雖異蓋亦以思聲近鮮故爲白頭也畜獸小則毛悅長則色重故言有兔白首兔之小者明其微薄也炮之燔之者將以爲飲酒之羞羞進也謂既飲酒而進此兔肉於賓也飲酒之禮既奏酒於賓乃薦羞者因此酒羞並有言先後之宜且辨經雖先爲羞進則在後也今禮鄉飲酒燕禮大射皆先進酒乃薦脯醢乃羞庶羞故知然也經言不以微薄廢禮故先述菹羞酒無厚薄之異故後言之四章皆云酌言言我也其意云酌酒我當用之若是禮合當然不應每事言我今每言我則是行用他法故解之言每酌言言者以禮既不下及庶人而爲之制庶人依準士禮立賓主爲酌名以行之故每酌道我與賓相充爲禮以行獻酢酬之名也不於上章解之者以前直言嘗之無獻酢之名此有獻之故就而言爲然則嘗之亦云酌言者以酒爲賓作嘗亦行禮故亦云酌言也禮不下庶人不制篇卷耳其庶人執鶩庶人見國君是亦往往見於禮焉

有兔斯首燔之炙之君子有酒酌言酢之

炕火曰炙酢報也箋云報者賓既卒爵洗而酌

主人也凡治兔之宜鮮者毛炮之柔者炙之乾者燔疏傳炕火曰炙。正義曰炕舉也謂以物貫之而舉於火上以炙之。炙音隻酢才洛反炕苦浪反何沈又苦郎反之。箋報者至燔之。正義曰申傳酢報之義故言報者賓既卒爵洗而酌與主人是得主人之獻酌而報之也於一兔之上而經有三種故辨之言凡治兔之所宜若鮮明而新殺者合毛炮之若割截而柔者則鬱貫而炙之若今炙肉也乾者謂脯腊則加之火上炙之若今燒乾脾也柔謂殺已多日而未乾也

有兔斯首燔之炮之君子有酒酌言醻之醻道飲也箋云主人既卒酢爵又酌自飲卒爵復酌進賓猶今俗之勸酒。醻市周反道徒報反本亦作導同復扶又反俗之一本作俗人疏傳醻道飲。正義曰以醻者欲以醻賓而先自飲以導之此舉醻之初其賓飲訖進酒於賓乃謂之醻也。箋主人至勸酒。正義曰傳以醻為導飲嫌其謂主人自飲為醻故辨之主人既卒酢爵又酌自飲卒爵復酌以進賓如此乃謂之醻猶今俗人勸酒者俗人亦先自飲而後勸人故云醻之箋皆準鄉飲酒燕禮而為說也

瓠葉四章章四句

勉案炕即烤字

階級

君子　君子　君子下民

則

公曰敢問何謂成親孔子對曰君子也者人之成名也百姓歸之名謂之君子之子是使其親爲君子也是爲成其親之名也已孔子遂言曰古之爲政愛人爲大不能愛人不能有其身不能有其身不能安土不能安土不能樂天不能樂天不能成其身有猶保也不能保身者言人將害之也不能安土動移失業也不能樂天不知已過而怨天也。樂天音洛下及注同怨於元反又於願反

疏 公曰至其身。正義曰前經對哀公敬身則能成親故此經明公更問敬身之事何以成親夫子荅以成親之義遂廣明成身之理君子也者人之成名也者言凡謂之君子者人之成就美名王肅云君上位子下民。百姓歸之名謂之君子之子者言已若能敬身則百姓歸已善名謂已爲君子所生之子是已之脩身使其親有君子之名是脩身成其親也。不能有其身不能安土者既不能汎愛於人人則害之故不能保有其身避其禍害流移失業是不能安土。不能樂天者身既失業不知已過所招乃更怨天是不能愛樂於天也。不能成其身者既不能樂天不自知其罪將謂天之濫罰罪惡之事無所不爲是不能成其身

哀公問

公曰敢問何謂成身孔子對曰不過乎物物猶事也

疏 公曰至乎物。正義曰以前經對哀公以成身故此經明公問成身

階級

上不僭下不偪

管仲鏤簋而朱紘旅樹而反坫山節而藻梲賢大夫也而難爲上也言其僭天子諸侯鏤簋刻爲蟲獸也冠有笄者爲紘紘在纓處兩端上屬下不結旅樹門屏也反坫反爵之坫也山節薄櫨刻之爲山梲侏儒柱畫之爲藻文○鏤音陋簋音軌紘音宏坫丁念反藻音早梲章悅反笄音雞屬音燭薄音博又皮麥反又步博反徐又薄歷反櫨音盧侏音朱○孔子曰

晏平仲祀其先人豚肩不揜豆賢大夫也而難爲下也言其偪士庶人也豚俎實豆徑尺言并豚兩肩不能覆豆喻小也○揜於檢反本亦作揜併步頂反君子上不僭上下不偪下

疏孔子至而弔○正義曰此一節明奢儉失禮之事○賢大夫也而難爲上也者當時謂管仲是大夫之賢者鏤簋者天子諸侯之制而管仲鏤簋天子飾以玉此不云者文不具也其旅樹山節之屬已具於禮器及郊特牲疏故於此不復釋也○晏平至爲下也豚之朱紘者亦天子之紘而管仲朱之故祭義云天子冕而朱紘諸侯冕而青紘管仲大夫當緇組紘而與士同今僭天子朱紘旅樹而反坫者是諸侯之禮論語云邦君樹塞門邦君爲兩君之好有反坫今管仲爲之山節而藻梲者天子之廟飾而管仲亦爲之是皆僭也故云賢大夫是賢者尚爲此僭上之事是難可爲上者也言他人在管仲之上皆被僭之故云難爲上禮器云君子以爲濫濫謂盜竊亦僭上之事也○注言其至藻文○正義曰言其僭天子諸侯者朱紘山節藻梲鏤簋是僭天子旅樹反坫者是僭諸侯云鏤簋刻爲蟲獸也者按梓人云小蟲之屬以爲雕琢是刻蟲獸也禮器注云肩不揜豆者依禮豚在於俎今云不揜豆者以豆形既小尚不揜豆明豚小之甚不謂豚在豆也○而難爲下也者平仲賢大夫猶尚偪下是在平仲之下者恒被平仲而偪也是難可爲下

禮記下

庶人與民之別

始見于君執摯至下容彌蹙下謂君所也蹙猶促也促恭慤貌也其爲恭士大夫一也疏注下謂至一也○釋曰直云見于君不辨臣之貴賤則臣之貴賤皆同故鄭云其爲恭士大夫一也不言所而言下者凡臣視袷已下故不言所言下也庶人見於君不爲容進退走容謂趨翔疏注容謂趨翔○釋曰此不言民而言庶人則是庶人在官謂若王制云庶人在官者其祿以是爲差即府史胥徒是也按鄭注曲禮云行而張足曰趨行而張拱曰翔皆是庶人貌也此庶人見君不趨翔謂是常法論語是孔子行事而云趨進翼如者彼謂孔子與君圖事於堂圖事訖降堂向時揖處至君前橫過向門特加肅敬與庶人同也

似非古封建之禮

婚姻階級

古非耦

以師昏

公之未昏於齊也齊侯欲以文姜妻鄭大子忽大子忽辭人問其故大子曰人各有耦齊大非吾耦也詩云自求多福詩大雅文王言求福由己非由人也○妻七計反下及注同在我而已大國何爲君子曰善自爲謀言獨絜其身謀不及國及其敗戎師也齊侯又請妻之欲以佗女妻之固辭人問其故大子曰無事於齊吾猶不敢今以君命奔齊之急而受室以歸是以師昏也民其謂我何言必見怪於民遂辭諸鄭伯假父之命以爲辭爲十一年鄭忽出奔衛傳

左桓六

世婦每宮卿二人下大夫四人中士八人女府二人女史二人奚十有六人世婦后宮官也王后六宮漢始大長秋詹事中少府大僕亦用士人女府女史女奴有才知者○少詩照反疏世婦○釋曰名世婦者以其主婦人之事王后已下至女御言世婦舉中以爲名也在此者案其職云掌女宮之宿戒及祭祀比其具是祭祀故列職於此也云每宮卿二人者王后有六宮每宮卿二人則十二人也此主婦人則卿大夫士並奄人爲之若然天官云内小臣奄上士四人鄭云奄稱士異其賢似卿大夫不用奄人者案彼天官之内職内有婦人者皆用奄人獨此宮卿大夫士與下女府女史奚同居不用奄非其宜但此經不言奄故鄭亦不言奄其實是奄可知是以賈馬皆云奄卿也然鄭云漢始大長秋亦見周時用奄之義也但天官惟有小臣是上士用奄人鄭即云奄稱士異其賢也若然小臣上士言奄此不言奄者但上天官共婦人同職皆已言奄於此略而不言耳案王之六卿皆六命十二小卿皆四命此六宮十二卿不言命數亦可當小宰小司徒等十二小卿同用四命中大夫爲之以其同十二人故也

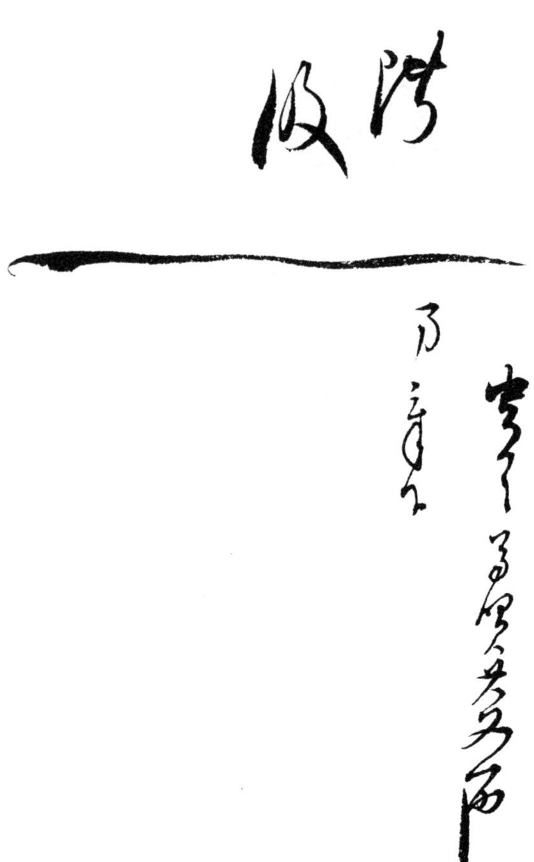

階級

聖人南面而聽天下所且先者五民不與焉且先言未遑餘事。聽體寧反與音預○一曰治親二曰報功三曰舉賢四曰使能五曰存愛功功臣也存察也察有仁愛也五者一得於天下民無不足無不贍者五者一物紕繆民莫得其死○物猶事也紕繆猶錯也五事得則民足一事失則民不得其死明政之難贍本又作贍食艷反紕匹彌徐孚夷反又方齊反繆音謬本或作謬聖人南面而治天下必自人道始矣人道謂此五事立權度量考文章改正朔易服色殊徽號異器械別衣服此其所得與民變革者也權稱也度丈尺也量斗斛也文章禮法也服色車馬也徽號旌旗之名也器械禮樂之器及兵甲也衣服吉凶之制也徽或作褘○量音亮注同正音征徽諱韋反械戶戒反別彼列反稱尺證反褘許韋反其不可得變革者則有矣親親也尊尊也長長也男女有別此其不可得與民變革者也四者人道之常○長長並丁丈反○後除注隸者長並同別彼列反○疏聖人至者也正義曰此一節廣明聖人受命以臨天下有不可變革及有可變革之事各隨文解之云所且先者五謂聖人即位未遑餘事所且欲先行者而有五種之事也即下云一曰治親之屬是也民不與焉者言此五事皆王者所急行民不得干與爲言民未行也以治報親功之事皆非民所行故不得干與焉○一曰治親者此治親即鄉者三事三事若正則於家國皆正故急在前○二曰報功者既已正親故下又報於有所功勞者使爲諸侯之屬是也繼於親親故次治親○三曰舉賢者雖已報於有功若岩穴有賢德之士未有功者舉而用之報功宜急此又次也○四曰使能者能謂有道藝既無

十三經注疏　禮記三十四　大傳　十一

功德又非賢能而有道藝亦祿之使各當其職也輕於賢德故次之○五曰存愛者存察也愛仁也治親報功舉賢使能爲政既足又宜察於民下側陋之中者若有雖非賢能而有仁愛之心亦賞異之○五者一得於天下者謂上五事一皆得行於天下則民無有不足無有不贍者贍是優足之餘也○五者一物紕繆者謂此五事之中但有一事紕繆則民莫得其死莫無也言無得以理壽終而死也聖人南面而治天下必自人道始矣者人道卽治親報功舉賢使能存愛是以理相承順之道聖人先以此爲始故云必自人道始也○立權度量者此一經至與民變革者也廣明損益之事並輕故可隨民與變改革也權謂稱錘度謂丈尺量謂斗斛也言新制天下必宜造此物也○考文章者考校也文章國之禮法也○改正朔者正謂年始朔謂月初言王者得政示從我始改故用新隨寅丑子所損也周子殷丑夏寅是改正也周夜半殷雞鳴夏平旦是易朔也○易服色者服色車馬也易之謂各隨所尙赤白黑也○殊徽號者殊別也徽號旌旗也周大赤殷大白夏大麾各有別也異器械者器爲楬豆房俎禮樂之器也械謂戎路革路兵甲之屬也別衣服者周吉服九章虞以十二章殷凶不厭賤周貴則降畢也○此其所得與民變革者也結權度量以下諸事是末故可變革與民爲新亦示禮從我始也○注文章至制也○正義曰禮法謂夏殷周損益之禮是也云服色車馬也者謂夏尙黑殷尙白周尙赤車之與馬各用從所尙之正色也云徽號旌旗之名也者謂周禮九旗是也然九旗之外又有小旌旗故司常云官府各象其事州里各象其名家各象其號與此同也鄭引士喪禮云爲銘各以其物亡則以緇長半幅赬末長終幅廣三寸是徽號與此同矣

階級

明民

請講瑞 智者之美言不能再稱以下民無財的民說

傳說階級有產無財說 使了國有上財國

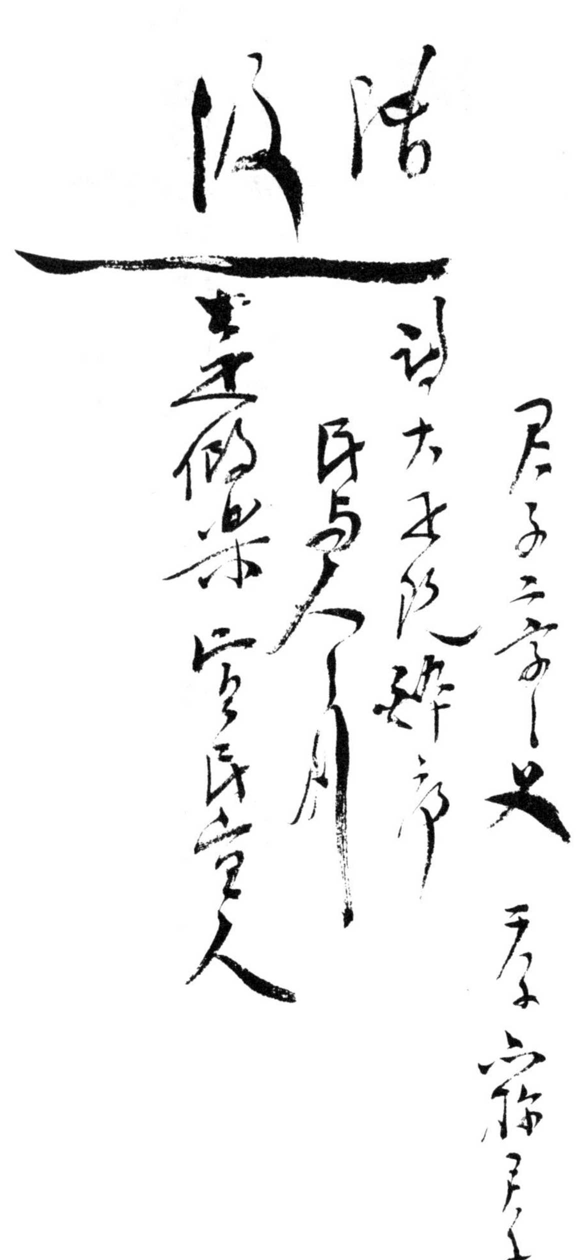

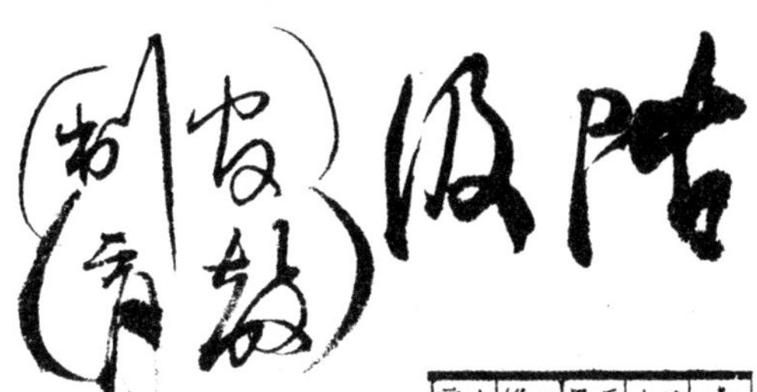

乃易服服玄冠

玄端爵韠奠摯見于君遂以摯見於鄉大夫鄉先生易服不朝服者非朝事也摯雉也鄉先生鄉中老人爲卿大夫致仕者

疏乃易至先生○注易服至仕者○釋曰云易服者爵弁旣助祭之服不可服見君與先生等故易服服玄端也云易服不朝服者非朝事也者此乃因加冠以成人之禮見君非正服之節故不朝服經直云玄端則兼玄冠矣今更云玄冠者以初冠時服玄端爲緇布冠服緇布冠非常著之冠而弊之易服宜服玄冠配玄端故兼云玄冠也朝服與玄端同玄端則玄裳黃裳雜裳黑屨若朝服玄冠玄端雖同但裳以素而屨色白也以其但正幅故朝服亦得端名然六冕皆正幅故亦名端是以樂記云魏文侯端冕而聽古樂又論語云端章甫鄭云端玄端諸侯視朝之服則玄端不朝得名爲玄端也云摯雉也者士執雉是其常故知摯是雉也云鄉先生鄉中老人爲鄉大夫致仕者者此即鄉飲酒與鄉射記先生及書傳父師皆一也先生亦有士之少師鄭不言者經云鄉大夫不言士故先生亦畧不言其實亦當有士也

史記田單列傳

太史公曰兵以正合以奇勝【集解】騶案魏武帝曰先出合戰爲正後出爲奇也正者當敵奇兵擊不備【索隱】奇謂權詐也引魏武蓋亦軍令也 善之者出奇無窮【索隱】兵不厭詐故云善之出奇無窮謂權變多也 奇正還相生【正義】猶當合也言正兵當陣張左右翼掩其不備則奇正合敗敵也 如環之無端【索隱】言用兵之術或用奇詐使前敵不可測量如尋環中不知端際也 夫始如處女適人開戶【集解】徐廣曰適音敵【索隱】言兵始如處女之歎弱則敵人輕侮開戶不爲備【正義】敵人謂燕軍也言燕軍破田單反間易將及被卒撓壟墓而令齊卒甚怒是敵人爲單開門戶也 後如脫兔適不及距【集解】騶案魏武帝曰如女示弱脫兔往疾也【索隱】克捷之後卷甲而趨如兔之得脫而疾走也敵不及距者若脫兔忽過而敵忘其所距也 其田單之謂邪 初淖齒之殺湣王也莒人求湣王子法章得之太史嬓之家【正義】嬓音皎 爲人灌園嬓女憐而善遇之後法章私以情告女女遂與通及莒人共立法章爲齊王以莒距燕而太史氏女遂爲后所謂君王后也

階級

楚考

烈王無子春申君患之求婦人宜子者進之甚衆卒無子趙人李園持其女弟欲進之楚王聞其不宜子恐久毋寵李園求事春申君爲舍人已而謁歸故失期還謁春申君問之狀對曰齊王使使求臣之女弟與其使者飲故失期春申君曰娉入乎對曰未也春申君曰可得見乎曰可於是李園乃進其女弟卽幸於春申君知其有身李園乃與其女弟謀園女弟承間以說春申君曰楚王之貴幸君雖兄弟不如也今君相楚二十餘年而王無子卽百歲後將更立兄弟則楚更立君後亦各貴其故所親君又安得長有寵乎非徒然也君貴用事久多失禮於王兄弟兄弟誠立禍且及身何以保相印江東之封乎今妾自知有身矣而人莫知妾幸君未久誠以君之重而進妾於楚王王必幸妾妾賴天有子男則是君之子爲王也楚

春申君列傳

階級

左宦八

工商未嘗不爲患使皆以宦可

宦官

寺人
內人
女官｜刑女之在宮中者

寺人掌王之內人及女宮之戒令相道其出入之事而糾之內人女御也女宮刑女之在宮中者糾猶割察也○相息亮反下及注同道徒報反後同疏注內人至察也○釋曰女宮刑女之在宮中者謂男女沒入斯宮爲嬪者也若有喪紀賓客祭祀之事則帥女宮而致於有司有司謂宮卿疏注有司至世婦○釋曰知有司是宮卿世婦者案春官宮卿世婦云掌樂宮之宿戒及祭祀世婦疏比其具此旣言致於有司明是男子官宮卿所掌女宮也非是下文世婦之帥女宮者也佐世婦治

禮事世婦二十七世婦疏注世婦至世婦○釋曰上云有司是宮卿世婦恐此亦是彼世婦故鄭云二十七世婦以寺人是奄者故得佐世婦治喪事禮事即世婦所掌祭祀賓客喪紀之事是也掌內人之禁令凡內人弔臨于外則帥而往立于其前而詔相之從世婦所弔若哭其族親立其前者賤也賤而必詔相之者出入於王宮未可以闕於禮○臨良鴆反後同疏注從世至於禮○釋曰鄭知從世婦不自弔臨者此直言凡內人弔臨于外不指斥其事故知不自弔臨案世婦職云掌弔臨于卿大夫之喪故內人得從之也云若哭族親者世婦所掌弔唯云弔卿大夫云哭族親據理而言王后有哭族親之法則內人女御亦往哭之

附段

閽不得齊於人矣

術卒○閽弒吳子餘祭閽門者也寺人也不稱名姓閽不得齊於人不稱其君閽不得君其君也禮君不使無恥不近刑人無恥不知臧否○閽音昏守門人也祭側界反寺人本又作侍人不近附近之近下同否音鄙又方九反不狎敵不邇怨賤人非所貴也貴人非所刑也刑人非所近也舉至賤而加之吳子吳子近刑人也閽弒吳子餘祭仇之也怨仇餘祭故弒之○狎戶甲反怨於願反又於元反仇音求

疏閽門至之也○釋曰稟二儀之氣須五常之性備然後爲人閽者虧刑絕嗣無陰陽之會故不復齊於人以主門晨昏開閉謂之閽以是奄豎之屬故又謂之寺人也不狎敵不邇怨者言爲人君之道外不得狎敵內不得近怨何者吳遏以狎敵蒙禍餘祭以邇怨害身故不可狎敵近怨也賤人非所貴謂卑賤之人無高德者不可卒貴貴人非所刑謂刑不上大夫故不可刑之刑○非所近也○謂刑罪之人不可信近之今吳子以奄人爲閽是近之也舉至賤而加之吳子近刑人也謂經書閽弒吳子餘祭者譏其近刑人也○注怨仇餘祭祭○釋曰國君不仇匹夫犯罪則誅之故知是閽怨也（

階級（細目）

○秋齊侯伐晉夷儀爲衛討也○爲于僞反下同疏注爲衛討也○正義曰往年衛侯救晉叛晉必當事齊下文衛侯會之知是爲衛討也敝無存之父將室之辭以與其弟無存齊人也室之爲取婦曰此役也不死反必娶於高國高氏國氏齊貴族也無存欲必有功還取卿相之女○娶七住反相息亮反先登求自門出死於霤下既入城夷儀人不服故鬪死於門屋霤下也○霤力又反

宗九

孟子曰爲政不難不得罪於巨室巨室大家也謂賢卿大夫之家人所則效者言不難者但不使巨室罪之則善也巨室之所慕一國慕之一國之所慕天下慕之故沛然德教溢乎四海慕思也賢卿大夫一國思隨其所善惡一國思其善政則天下思以爲君矣沛然大治德教可以滿溢於四海之内也疏孟子曰至溢乎四海○正義曰此章言天下傾心思慕向善巨室不罪咸以爲表德之流行可以充四海也孟子曰爲政不難不得罪於巨室者巨室喻卿大夫之家也孟子言爲政於天下易而不難也但不得罪於卿大夫之家也以其卿大夫之家以上則近君而君所待以輔弼以道則近民而民待以視效故君之言動其是非可得而刺也國之政令其得失可得而議也道合則從不合則去君民之從違而係之也故爲君不得罪於卿大夫則爲政可以行天下矣巨室之所慕一國慕之一國之所慕天下慕之故沛然德教溢乎四海者言卿大夫之所思慕也一國亦隨而思慕之一國所思慕則天下亦隨而思慕之故沛然大洽其上之德教可以充溢乎四海如東注之水沛然流溢乎四海也此言四海猶中國則

貴族

懷也貪也謀人人亦謀己

是其名爲窒皇及市蒲胥其義皆未聞 劒及於寢門之外車及於蒲胥之市秋九月楚子圍宋○冬公孫歸父會齊侯于穀見晏桓子與之言魯樂桓子告高宣子桓子晏嬰父宣子高固○樂音洛 疏 與之言魯樂○正義曰樂謂樂居高位也 曰子家其亡乎懷於魯矣子家歸父字懷思也 懷必貪貪必謀人謀人人亦謀己一國謀之何以不亡爲十八年歸父奔齊傳 疏 懷於至不亡○正義曰懷思也謂思高位於魯也既思高位必貪貪必計謀他人既謀去他人他人亦謀去己一國之人謀去之何以不至亡也

宣十四

然案觀子文用子玉曰夫有大功而無貴仕其人能靖者與有幾及范武子使郤子逞志可知是時巨室之力

陽樊皆王之親姻

曰王章也。章顯王者與諸侯異未有代德而有二王亦叔父之所惡也與之陽樊温原欑茅之田。晉於是始起。南陽。在晉山南河北故曰南陽。惡烏路反欑才官反陽樊不服圍之。蒼葛呼曰。蒼葛陽樊人。呼嘆故反德以柔中國刑以威四夷宜吾不敢服也此誰非王之親姻其俘之也乃出其民取其土而已。俘芳扶反

僖廿五

階級

一

「天無二日土無二王國無二君家無二尊」

喪服の制文

按以為不善句言人之觀我甚明豈可逃遁以為不善也

中民小人

明信之也是以下之人無諫死之誋君明相賢必從說如流故無諫死之忌也而聚立者無鬱怨之心聚立謂天下會同也若得其所故無怨望也如此則國平而民無慝矣慝姦惡者也其選賢遂材也舉德以就列不類無德舉有德者以就列位不以無德之人為類舉能以就官不類無能以德弇勞不以傷年有德者超於上列使在有功勞者之前故曰有德掩勞苟有德雖年未至而亦將用之不以年少為之傷也如此則上無困而民不幸生矣有功能必賞用之故人不以苟生為幸也國之所以亂者四其所以亡者二內有疑妻之妾此宮亂也庶有疑適之子此家亂也朝有疑相之臣此國亂也任官無能此衆亂也四者無別無別謂妻妾嫡庶等不分別也主失其體羣宮朋黨以懷其私則失族矣國亡則宗族隨之故曰失族也國之鐖臣陰約閉謀以相待也則失援矣為國之機臣下陰為要結其所謀者閉而不泄以此相待人必懷疑而不相親矣故失其援也失族於內失援於外此二亡也故妻必定子必正相必直立以聽官必中信以敬故曰有宮中之亂有兄弟之亂有大臣之亂有中民之亂中民謂百吏之屬也有小人之

按別本注聖人託之而可行善故好我託之所行皆可恐又安

亂。五者一作。則為人上者危矣。宮中亂曰妬紛。言積妬紛然所以亂兄弟亂曰黨偏。黨偏則強弱相凌故亂也大臣亂曰稱述。各稱述其己德之長而不相讓則亂也中民亂曰讋譆。謂以智詐讋恐譆質則亂小民亂曰財匱。賦稅重則財匱故亂財匱生薄。財不供則禮義息故薄也讋譆生慢。不重譆質而智詐恐讋之此其慢也稱述黨偏妬紛生變。此三者或生篡弒君主能為大變也故正名稽疑。刑殺亟近。則內定矣。正嫡庶之名稽妻妾之疑不正者之黨數取其偏近者而刑殺之如此則黨偏妬紛之變息故內定順大臣以功。順中民以行。順小民以務。務順用其務農也則國豐矣。三者各稱其所順故國豐也審天時。天時各有宜也物地生。以輯民力。禁淫務。繡文刻鏤淫務勸農功。以職其無事。無事者皆令得職也則小民治矣。上稽之以數。謂上欲有所徵發必考其定數以命之也下十五以徵。既得其定數下其什伍名以徵之也近其罪伏。以固其意。日期既近尚有不供者則加之罪以權伏之所以固供者之意鄉樹之師。以遂其學。每鄉樹之師以遂之也官之以其能。及年而舉。則士反行矣。舉而有材能者則授之以官既有年矣則舉其功過而考察之如此則皆反其行矣稱德度功。勸其所能。若稽之以眾風。若任以社稷之任。既稱其德又度其功則其材能不可不知矣既知其能順而考之或使之涖眾以立風化其材能尤高者或授之以社稷之任者也若此則士反於情矣。有能必任之以職故士反於情也

鼓鍾四章章五句

楚茨刺幽王也政煩賦重田萊多荒饑饉降喪民卒流亡祭祀不饗故君子思古焉田萊多荒茨棘不除也饑饉倉庾不盈也降喪神不與福助也

疏楚茨六章章十二句至思古焉。正義曰作楚茨詩者刺幽王也以幽王政教既煩賦斂又重下民供上役闕營農故使田萊多荒而民皆饑饉天又降喪病之疫民盡皆流散流散而逃亡祭祀又不為神所歆饗不與之福故當時君子思古之明王而作此詩意言古之明王能政簡斂輕田疇墾闢年有豐穰時無災厲下民則安土樂業祭祀則鬼神歆饗以明今不然故刺之田廢生草謂之萊自然多荒而并言之者周禮以田易者為萊若使時無苛政則所廢年滿亦當墾之今乃與不易之田並不藝種故言多荒也既言降喪而又言流亡者明死者為天災所殺存者又棄業而逃也降喪流亡由祭祀不饗所致而後言祭祀不饗者欲明喪亡亦由飢饉以見八神相將也經六章皆陳古之善以反明今之惡故箋每事屬之言田萊多荒茨棘不除則首章上四句是也飢饉倉庾不盈首章次四句是也降喪神不與福助首章下四句盡於卒章言古之享祀神錫爾福反明今之不饗神不祐助也政煩賦重則於經無所當而下篇有其事耳此及信南山甫田大田四篇之詩事皆陳古文指田類故序有詳略以相發明此序反經以言今信南山序據今以本古甫田直言思古畧而不陳所由大田言矜寡不能自存又畧而不言思古皆文互見大田曰曾孫是若言成王止力役以順民是政不煩也甫田云歲取十千言稅有常法是賦不重明幽王政煩賦重也信南山經云信彼南山維禹甸之畇畇原隰曾孫田之而序云不能脩成王之業以奉禹功是曾孫為成王矣而甫田大田皆言曾孫則所陳古皆為成王時也此經無曾孫之言而周之盛王致太平者莫過成王則此思古者思成王也此篇思古明王先成其民而後致力於神故首章言民除草以種黍稷斂之而盈倉庾王者得為酒食獻之宗廟總言祭祀之事其享安備皆主人身之所行也二章言助祭者各供其職要及執爨有俯仰之容君婦有清濁之德俎豆肥美獻酬得法以事鬼神鬼神安之報以多福四章言孝子恭敬無愆尸嘏以福五章祭事既畢告尸利成卒章言於祭之末與同族燕飲六章共述祭事而其文皆次唯三章獻酬笑語事在祭末當處嘏辭工祝致告之下文在先者以獻酬是賓客之事因說賓臣助祭而言之耳三章傳曰繹而賓尸及賓客或以為三章則別陳繹祭之事知不然者以此篇所陳上下有次首章言酒食二章言牛羊三章言俎豆燔炙四章言神嗜飲食共論一祭首尾接連不得輒有繹祭厠之也案三章傳曰燔取膟膋也禮燔燎報陽乃是朝事之節繹祭事尸而已無求陽燔燎之事若傳以三章為繹祭安得以燔為膟膋也三章傳又曰豆謂內羞庶羞案有司徹陳羞豆之下注云此皆朝事之豆籩大夫無朝事而用之賓尸然則天子有朝事則此豆當朝事用之矣作者何得捨正祭而不述越言之繹祭之末禮乎又繹祭主於事尸而事神禮簡三章言神保報福與二章正同豈禮簡之謂以此知三章所陳非繹祭矣然則傳言繹而賓尸及賓客者正以經言孔庶其豆既衆則所用必廣故因分之以為賓謂繹日敬尸為客謂正祭所薦見用豆處廣之意其文不主釋也箋易傳以庶為朋自然無繹祭之事矣

隋級官制

士雖無臣皆有屬吏胥徒及僕隸故云有司

有司如主人服即位于西方東面北上

有司羣吏有事者謂主人之吏所自辟除府史以下今時卒吏及假吏是也

疏 有司至北上。釋曰此論主人有司從主人有事故立位于廟門外西方東面以待事也。注有司至是也。釋曰士雖無臣皆有屬吏胥徒及僕隸故云有司羣吏有事者也云謂主人之吏所自辟除府史以下者案周禮三百六十官之下皆有府史胥徒不得君命主人自辟除去役賦補置之是也又案周禮皆云府史此云羣吏吏史亦一也故舉漢法為證又周禮鄭注云官長所自辟除此云主人者以此經云主人故依經而直云主人主亦為長者也又此注以有司為羣吏案特牲以有司為士屬吏不同者言羣吏則為府吏胥徒也言屬吏則謂君命之士是以下文宿贊冠者注云謂寮若他官之屬中士若下士也又主人贊者亦云其屬中士若下士是言屬者尊之義特牲之有司士之屬吏亦親類也特牲有司之上有子姓此文無者彼祭祀事重故子姓皆來此冠事稍輕故容有不至故不言

士冠礼（儀禮）

○君子已孤不更名。亦重本已孤暴貴不爲父作謚。子事父無貴賤○爲于僞反謚音示疏君子至作謚○正義曰此一節論父没不可輒改爲名謚之事已孤不更名者不復改易更作新名所以然者名是父之所作父今已死若其更名似遺棄其父故鄭注云亦重本也言亦者亦上行本國之俗上是重本故云亦也已孤暴貴不爲父作謚者此孤不辨老少唯無父則是也暴貴本爲士庶今起爲諸侯非一等之位故云暴貴也謚者列平生德行而爲作美號若父昔賤本無謚而已今暴貴升爲諸侯乃得制謚而不得爲父作謚所以爾者父賤無謚子今雖貴而忽爲造之如似鄙薄父賤不宜爲貴人之父也或舉武王爲難鄭荅趙商曰周道之基隆於二王功德由之王迹興焉凡爲人父豈能賢乎若夏禹殷湯則不然矣○注子事父無貴賤○正義曰子不得言已昔賤今貴父賤不宜爲貴人之父也

階級

出禮[illegible]

天子曰崩諸侯曰薨大夫曰卒士曰不祿

階級

卿大夫家之防衛

於是使勇士某者往殺之

亦有姓字記傳者失之勇士入其大門則無人門焉者入其閨則無人閨焉者焉者於也是無人於閨門守視者也上其堂則無人焉但言焉絕語辭堂不設守視人故不言堂焉者俯而闚其戶俯挽頭戶室戶方食魚飧勇士曰嘻子誠仁人也吾入子之大門則無人焉入子之閨則無人焉上子之堂則無人焉是子之易也易猶省也○飧音孫子為晉國重卿而食魚飧是子之儉也君將使我殺子吾不忍殺子也雖然吾亦不可復見吾君矣負君命也遂刎頸而死勇士自斷頸也傳極道此者明約儉之衛也其於重門擊柝孔子曰禮與其奢也寧儉此而謂也○頸居郢反斷音短重直容反柝他洛反疏注傳極至謂也○解云易下繫辭云重門擊柝以待暴客是也

公宣六

階級

文數世同癸卯鍼適晉其車千乘書曰秦伯之弟鍼出奔晉罪秦伯也罪失教。乘，繩證反，下及注同。疏癸卯至伯也。正義曰釋例曰秦伯有千乘之國不能容其母弟傳曰罪秦伯則鍼罪輕也言其對兄爲輕耳非無罪也公羊以爲仕諸晉謂之奔者謂秦伯有千乘之國不能容其母弟故謂之出奔也劉炫云奔者迫窘而去逃死四鄰不以禮出也今鍼適晉乃與母計議從步而出實非奔也仲尼以其爲奔傳釋云罪秦伯秦伯不豫教誡其弟不能早爲之所致奢富過度懼而去國罪其失兄之歡心不自知度亦是其罪歸罪秦伯言兄罪耳傳曰以下同也后子享晉侯爲晉侯設享禮。爲，于僞反。造舟于河造舟爲梁通秦晉之道。造，七報反，注同。李巡注爾雅云比其船而度也。郭云併舟爲橋。疏造舟于河。正義曰詩云造舟爲梁是比舟以爲橋也釋文云天子造舟李巡曰比其舟而渡曰造孫炎曰造舟爲梁郭璞曰比船爲八艘不解造義蓋造爲至義言船相至而並比也十里舍車一舍八乘爲八反之備疏注一舍至之備。正義曰直言十里舍車不知每舍幾車以下言八反知一舍八乘爲八反之具也自雍及絳雍絳相去千里用車八百乘。雍，於用反。歸取酬幣備九獻之義始禮自齎其一故續送其八酬酒幣。齎，子分反，本又作賫。疏注備九至酒幣。正義曰傳二十二年鄭享楚子爲九獻知此備九獻之儀也每一獻酒必有幣車以隨之后子從始自齎其一以爲初獻故續送其八也飲酒之禮主人初獻於賓賓酢主人主人受賓之酢禮飲訖又飲乃酬以酬賓如是乃成爲一獻於酬之時始有幣以勸飲故以爲酬酒幣也終事八反每十里以八乘車各以次載幣相授而還不徑至故言八反千里用車八百乘其二百乘以自隨故言千乘傳言秦鍼之出極奢富以成禮欲盡敬於所赴。還音環，徑，古定反。疏注每十至所赴。正義曰服虔以爲每於十里置幣車一乘千里百乘以次相授車率皆日行一百六十里謂從絳向雍去而復還一亭之間八度至也然則千里之路往還八反車率日行一百六十里計則一萬六千里雖追風逐日之足猶將不逮於此后子之馬一何駛乎縱令如此纔可以章馬疾未足以明車多司馬侯何以怪其車多而發問也杜以反者爲車反復其故處耳每於十里置車八乘后子初發幣則續行自齎其一以爲初獻餘則以次續至至則車反此至享終八車皆反以此謂之八反非言反至雍也此幣發雍計已多日故設享之初此八車之幣去絳不過一二十里耳使之相續而來每獻皆到以示己之豪富故令漸送之也如杜此言則后子預前約束使幣早發而來非臨享始取而云歸取酬幣者后子必適晉多日然後設享非初至即享君也爲享之具酒食之屬皆在絳備之其幣亦應於絳備之乃遠還取秦國之幣故言歸取不言設享之日始歸取也上云其車千乘下司馬侯問其車多則是見車多而發問也故杜辨其事之所在千里用車八百乘其二百乘以自隨故言千乘也傳說此車多之事者言秦鍼之出極奢富以成禮盡敬於所赴之國故爲此以示豪也司馬侯問焉曰子之車盡於此而已乎對曰此之謂多矣若能少此吾何以得見言已坐車多故出奔。見，賢遍反，坐，才臥反。

子路問曰何如斯可謂之士矣子曰切切偲偲怡怡如也可謂士矣朋友切切偲偲兄弟怡怡。馬曰切切偲偲相切責之皃怡怡和順之皃疏子路至怡怡。正義曰此章問士行也子路問

曰何如斯可謂之士矣者問士之行何如也子曰切切偲偲怡怡如也可謂士也者此荅士行也朋友切切偲偲兄弟怡怡者此覆明其所施也切切偲偲相切責之皃朋友以道義切磋琢磨故施於朋友也怡怡和順之皃兄弟天倫當相友恭故怡怡施於兄弟也

階級

又音祕【疏】遠績禹功。正義曰績亦功也重其言耳遠績禹功者勸之爲大功使遠及後世若大禹也謂勸武何不遠慕大禹之績而立大功以庇民也對曰老夫罪戾是懼焉能恤

遠吾儕偷食朝不謀夕何其長也言欲苟免目前不能念長久。焉於虔反下焉用焉能同儕仕皆反朝如字下同【疏】吾儕偷食。正義曰儕等也言吾等於彼卑賤苟且飲食

之人也劉子歸以語王曰諺所謂老將知而耄及之者八十曰耄耄亂也。諺魚據反知音智耄莫報反其趙孟之謂乎

爲晉正卿以主諸侯而儕於隸人朝不謀夕言其自比於賤人而無恤民之心【疏】注言其至之心。正義曰趙孟自言吾儕偷食是自比於隸役賤人也在

上位者當憂勞百姓卑賤之人勞身而已自比賤人是無憂民之心也棄神人矣民爲神主不恤民故神人皆去神怒民叛何以能久趙孟不復年矣言將

死不復見明年神怒不歆其祀民叛不即其事祀事不從又何以年爲此冬趙孟卒起本○叔孫歸號會歸曾夭御季

昭元

階級

田制

區畫

祭祀

田獵

十三經注疏

春秋左傳四十　襄公三十年　二十六

子產使都鄙有章（國都及邊鄙，車服尊卑，各有分部。○分扶運反）上下有服（公卿大夫服不相踰）田有封洫（封，疆也。洫，溝也。洫況域反。疆居良反）廬井有伍（廬，舍也。九夫爲井，使五家相保）大人之忠儉者（謂卿大夫。○大人之忠儉者本或作大夫者非）從而與之泰侈者因而斃之（因其罪而斃踣之。○踣蒲北反）豐卷將祭請田焉弗許（田，獵也。○卷眷勉反，徐居阮反）曰唯君用鮮（鮮，野獸）衆給而已（衆臣祭以芻豢爲足。○芻初俱反，豢音患。牛羊曰芻，犬豕曰豢）子張怒（子張，豐卷）退而徵役（召兵欲攻子產）子產奔晉子皮止之而逐豐卷豐卷奔晉子產請其田里（請於公不没入）三年而復之反其田里及其入焉（田里所收入）從政一年輿人誦之曰取我衣冠而褚之（褚，畜也。奢侈者畏法，故畜藏。○褚張呂反，畜敕六反，又許六反，本又作稸，同）取我田疇而伍之孰殺子產吾其與之（並畔爲疇。○並蒲杏反，又蒲頂反）及三年又誦之曰我有子弟子產誨之我有田疇子產殖之（殖，生也。○殖時力反，徐是吏反，此協下韻）子產而死誰其嗣之（嗣，續也。傳言鄭所以興）

襄卅

伐陽

六月伐陽關（討陽虎也）陽虎使焚萊門（陽關邑門○萊音來）師驚犯之而出奔齊請師以伐魯曰三加必取之（三加兵於魯）齊侯將許之鮑文子·諫曰臣嘗爲隸於施氏矣（施氏魯大夫文子鮑國也成十七年齊人召而立之至今七十四歲於是文子蓋九十餘矣）魯未可取也上下猶和衆

定九

後附

三德　六藝　六儀

士依乎德游乎藝　工依乎法游乎說

○毋拔來毋報往。報讀爲赴疾之赴拔赴皆疾也人來往所之常有宿漸不可卒也 毋瀆神 謂瀆

數而不敬。數色角反 毋循枉 前日之不正不可復遵行以自伸○循枉上音旬下紆往反邪曲也復扶又反 毋測未至 測意度也○意度如字本又作億音抑下大各反○ 士依於德游

於藝 德三德也一曰至德二曰敏德三曰孝德藝六藝也一曰五禮二曰六樂三曰五射四曰五御五曰六書六曰九數 工依於法游於說 法謂規矩尺寸之數也說謂鴻殺之意所宜也考工記曰薄厚

之所震動清濁之所由出侈弇之所由興有說說或爲伸○於說如字注同又始銳反鴻又作洪殺色戒反侈昌氏反弇於檢反 毋訾衣服成器 訾思也成猶善也思此則疾貧也○訾子斯反 毋身質

十三經注疏　禮記三十五　少儀　十五

言語 質成也聞疑則傳疑若成之或有所誤也○傳丈專反○ 疏 毋拔至言語○正義曰此一節廣明爲人之法○毋拔來毋報往者報謂赴也拔赴皆速疾之意凡人所之適必有宿漸毋得疾來毋得疾往○毋瀆神者謂

瀆慢也神明正直敬而遠之不可慢○毋循枉者循猶追述也枉邪曲也人非圓恨不免時或邪曲若前已行之今當改正不得猶追述已之邪事也○毋測未至者未至之事聖人難之凡人故不可豫欲測量之也若終不然則傷知也○士

依於德者士謂進士有德行者當依附於三德游於藝者謂教游於六藝○工依於法者謂規矩尺寸之法或言工巧皆當依附於法式○游於說者說謂論說規矩法式之辭言游息於規矩法式之文書○毋訾衣服成器者訾思也成善也

無得思念衣服善器毋身質言語者凡言語有疑則稱疑無得以身質成言語之疑者其言既疑若必成之或有所誤也○注德三至九數○正義曰案周禮師氏以三德教國子一曰至德二曰敏德三曰孝德彼注云至德中和之德覆燾持

載含容者也敏德仁義順時者也孝德尊祖愛親案大司徒職云以鄉三物教萬民一曰六德知仁聖義忠和知此依於德非六德者六德所以教萬民而云三德所以教國子此經云士故知是三德也云一曰五禮至九數者是周禮保氏職

文案彼注云五禮吉凶賓軍嘉也六樂雲門大咸大韶大夏大濩大武也五射白矢參連剡注襄尺井儀也五御鳴和鸞逐水曲過君表舞交衢逐禽左六書象形會意轉注處事假借諧聲也九數方田粟米差分少廣商功均輸方程贏不足

旁要今有重差句股然五禮六樂之等皆鄭康成所注其五射以下鄭司農所解但九數之名書本多誤儒者所解方田一粟米二差分三少廣四商功五均輸六方程七贏不足八旁要九云今有重差句股者鄭司農指漢時云今世於九數之內有重差句股二篇其重差即與舊數差分一也去舊數旁要而以句股替之爲漢之九數即今之九章也先師馬融干寶等更云今有夕桀各爲二篇未知所出今依司農所注周禮之數餘並不取。注說至宜也。正義曰此經云依於法游於說法既是規矩法式法外又云說是說與法不同謂說此法式文書論其法式大小鴻殺之意與法大同小異法式據其體論法據其文引考工記者證說是說法度之意彼說鐘形狀言鐘或薄或厚聲之振動其聲清濁由薄厚而出云侈弇之所由興者侈謂鐘口寬大弇謂鐘口內小從此法式所由興有說或大或小或侈或弇皆有所宜之意鐘厚則聲不散薄則聲散大短出聲疾易竭小長聲緩深遠弇則聲不舒揚故云有說。

言語之美穆穆皇皇朝廷之美濟濟翔翔祭祀之美齊齊皇皇車馬之美匪匪翼翼鸞和之美肅肅雍雍

匪讀如四牡騑騑齊齊皇皇讀如歸往之往美皆當爲儀字之誤也周禮教國子六儀一曰祭祀之容二曰賓客之容三曰朝廷之容四曰喪紀之容五曰軍旅之容六曰車馬之容。美音儀出注下同齊子禮反齊齊皇皇齊如字皇音往徐于況反匪讀爲騑芳非反牡音母。

【疏】言語至雍雍。正義曰此一節明諸事之宜此美皆當爲儀。言語之美者。謂與賓客言語故鄭注保氏云賓客之容穆穆皇皇者謂言語形狀穆穆皇皇然其天子諸侯行容亦穆穆皇皇故曲禮云天子穆穆諸侯皇皇鄭云皆行容止之貌穆穆皇皇皆美大之狀。濟濟翔翔者據在朝威儀濟濟翔翔者謂威儀厚重寬舒之貌言語則穆穆皇皇威儀則濟濟翔翔齊齊皇皇者皇讀爲歸往之往皇氏云謂心所繫往孝子祭祀威儀嚴正心有繼屬故齊齊皇皇然其言語及威儀皆當如此。匪匪翼翼者匪讀曰騑騑騑翼翼者皆是車馬之形狀故詩云四牡騑騑下又云四牡翼翼皆是馬之行容貌翼翼騑騑皆是馬之嚴止。肅肅雍雍者鸞和聲之形狀肅肅然雍雍然肅肅是敬貌雍雍是和貌。注匪讀至之容。正義曰詩小雅云四牡騑騑周道倭遲述文王聘臣之勞去美皆當爲儀者以保氏云教國子六儀一曰祭祀之容容即儀也故知美皆當爲儀鄭彼注祭祀之容朝廷之容車馬之容皆引此文其賓客之容則此言語穆穆皇皇也彼注喪紀之容纍纍顛顛軍旅之容暨暨詻詻是玉藻文也

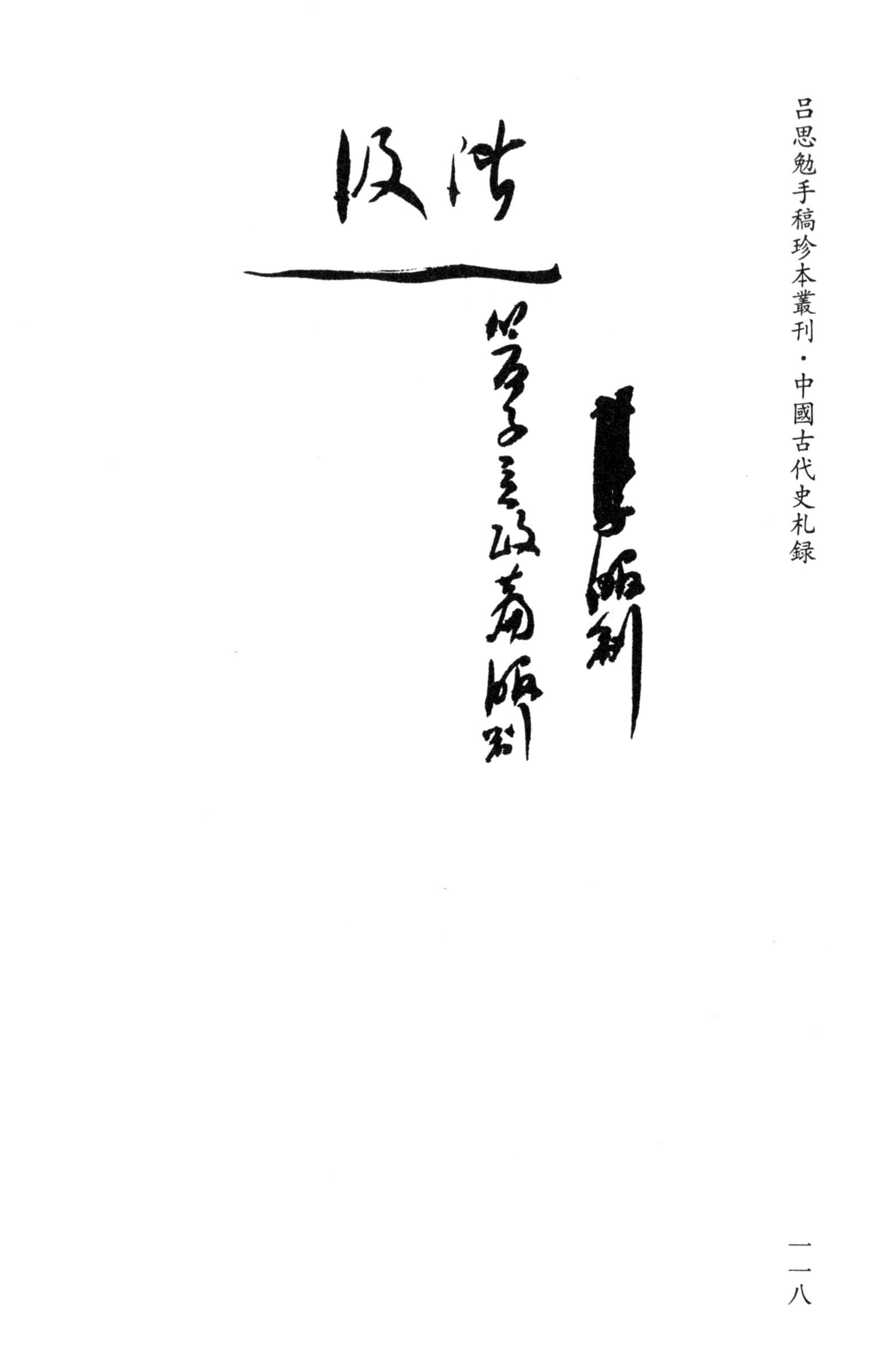

階級

厥降信義耆閔者

傅雷先生

後學趙遹惠

階級

Class 階級 Caste 等級

等級之區乃同國職分上言

階級乃表發展之程中同一國係人等級者

法律 大地主為階級貴族則等級

階級与等級

Classe 社會集團

Etat 國家承認階級賦与特權 若世襲爲

均院階不發達之社會乃是 若資產階級革

命所破壞此階級之後代樣遂的等級不成

階級鬥爭

昔人以階級鬥爭爲馬克斯所自備一定條件而生條件消

亦滅

階級社會發展至一定程度而自己生出打破了它的（旁注：度的）

元始共產社會無階級，及其破壞，階級鬥爭

始烈。故無產階級專政亦僅一過渡，意在進至無

階級社會也

第四革命（以前為除資產封建推進生產之利益）（但資產至一定程度還為障礙耳）無產階級奪取政權，權之以行利己之政。教育為麻醉劑，文化史係指之。此等種階之程度只許為無產。最後多數人為多數人利益奪得政權，樹成全民共利害之政，階級至此可言業矣。故名達之之那平術。無產階級組織即資本階級之破壞。

階級定義

凡集團中人在生產過程中地位同（一）在生產系統中地位（二）對生產機關之關係（三）勞動組織上作用

與他集團利害有關係而對抗的 與集團和 各不同

以此剝削彼

以收穫如其人收 乃不等 財產同而有階級共派

classe en soi 自在之階級

classe pour soi 自為之階級

不自覺仍為階級 但為自在之階級非

自為之階級

階級

奴隸之始

婦女爲最初奴隸 農業興男亦爲奴

古親族集團收族外人之以爲農奴 此則不復

適用而分自由人與奴隸

以指降者其仍居本土者爲隸 再進使治之

一國民族團體內亦有階級 分戰者與參戰者

階級終不消滅

階級兩字之不可分也 蓋階級權力與形態分布

此同矣

生今資產階級中 蓋階之人亦別成階級的一團火

生活狀況之化與平等也

故階級生于形態財產經加 昂揚鄰國階級之生

由勞動生產力而來

達大多數人無階級處階不可物政治

至同時發達全人類之大解放之人民手

然則王莽時以廢陳杜石之說以中古殺人
「屬氣明年於」經傳何解莽時乃謂國
據之）廢時代革命以陳藩國而踏倚之欄焉

以人為質

曾若桓沖傳云。桓彝亡後。沖兄弟並少。家貧。母患須羊以解。無由得之。溫乃以沖為質。羊主甚富。言不欲為質。幸為養買德郎。〻〻〻。沖小字也。及沖為江州。出射。羊主於堂邊看。沖識之。謂曰。我買德也。遂厚報之。[illegible]以桓彝之家而不免以人為質。窮民之易流為奴隸。無足怪矣。

知挿

晉書惠帝紀元康七年，關中饑，米斛萬錢，詔骨肉相賣者不禁。同

四下 ……見前卷卌八頁上

又太安二年，張方決千金堨，水碓皆涸。乃發王公奴婢手舂給兵

廩。……又發奴助兵。……四〇頁上

又元帝紀大興四年，詔曰：昔漢二祖及魏武，皆免良人。武帝時涼

州覆敗，諸為奴婢，亦皆復籍。此累代成規也。其免中州良人遭

難為揚州諸郡僮客者，以備征役。四〇頁上

又孝武帝紀太元元年，冬，歲荒不登，詔遣侍御史巡行諸縣，付諸

郡縣，一皆蠲除。其如自相賣取已者，同百日之限。其為軍賞者，無贖

出之。以襄陽淯南餘汙地為立一縣以居之。(元九上)

晉書安帝紀：元興元年秋七月乙亥，封蕃王嵩為其奴所害。(十九上)

又食貨志：咸寧元年十二月，詔曰：出戰入耕，雖自古之常，然事力未息，未嘗不以戰士為念也。今以鄴奚官奴婢著新城，代田兵種稻，奴婢各五十人為一屯，屯置司馬，使皆如屯田法。(四十六下)

又五行志：咸康元年六月，旱。是時成帝沖弱，未親萬機，內外之政決之將相，以僭踰之罰，連歲旱也。至四年，王導固讓太傅，復子明辟，是年不旱，殆其應也。時天下普旱，會稽、餘姚特甚，米斗直五百，人有相鬻者。(四十八上)

又玄之宮女及逆黨之家子女妓妾，悉為軍賞，東及甌越，北流淮

四。皆人己所獲。（卅八上）

嘗爲郡法吏，亦爲律，主捕亡之役，爲其收捕之制。（卅八下）

又惠賈皇后傳：臨海公主先封清河。洛陽之亂，爲人所略。傳賣吳興錢溫。溫以送女。女遇主甚酷。元帝鎮建鄴，主詣縣自言。元帝誅溫及女。詔有司修復。宗正曹統奏之。（卅一下）

又石崇傳：有司簿閱崇……蒼頭八百餘人。（卅三上）

又華表傳：子廙，初表有賜客在鬲，使廙因縣令袁毅録名，三客各代以奴。（四四上）

又張方傳：既殺長沙王乂，方掠洛中官私奴婢萬餘人而西還長安。（六十下）

晉書刁協傳：子彝……子逵……逵兄暢……次子弘……兄弟子
姪。並不拘名行。以貨殖爲務。有田萬頃。奴婢數千人。餘資稱是。
（六九下）
又熊遠傳：祖翘，嘗爲石崇蒼頭。而性廉直。有士風。黃門郎潘岳見
而稱異。勸崇免之。乃還鄉里。（七一上）
又何充傳：……徵充入。爲都督揚豫徐州之琅邪諸軍事。領揚州
刺史。……先是庾翼悉發江荊二州編戶奴以充兵役。士庶嗟
怨。充復發揚州奴以均其謗。後以中興時已發三吳。今不宜
復發而止。（七七下）
又殷仲堪傳：致書桓玄曰。胡亡之後。中原子女鬻於江東者。不可

傳敷。……頃聞抄掠所得。多皆採穭飢人。壯者殺以救子。少者亦在存恤。川者傾廢以移禽。至者呼嗟以待死。而一旦迫擊。生離死絕。求之物情。可傷之甚。……（卷六二）

晉書忠義傳王育。……少孤貧。爲人傭。牧羊。每過小學。必歔欷流涕。時有暇。即折蒲學書。忘而失羊。爲羊主所責。育將鬻己以償之。同郡許子章。……聞而嘉之。代育償羊。給其衣食。使與子同學。（卷八九）

又王恂傳。魏氏給公卿已下租牛客戶。數各有差。自後小人憚役。多樂爲之。貴勢之門。動有百數。又太原諸部。亦以匈奴胡人爲田客。多者數千。武帝踐位。詔禁募客。恂明峻其防。所部莫敢犯

廿冊九三二上 重抽

晉書隱逸傳翟湯：建元初。安西將軍庾翼北征石季龍。大發僮客。以充戎役。敕有司特蠲湯所調。湯悉推僕使。委之鄉吏。吏奉旨一無所受。湯依所調限。放免其僕。使令編戶為百姓。（冊九四上）

又陶淡傳：家累千金。僮客百數。（冊九四下）

又藝術傳：周旋江翻昌。謂其士人曰。天地之於人物一也。咸明不失其情性。寧可制服人以為奴婢乎。諸君若欲享多福以保性命。可悉免遣之。十餘年氣數其術以傳世稱奇。從乃罷奴。富軍屬

奴婢。家貲飾珠寶。……（冊九五上）

又列女傳韋逞母宋氏：號宣文君。賜侍婢十人。（事苻堅）（冊九六上）

晉書東夷傳：「每為廆掠其種人，賣於中國。武帝愍之，又發詔以官物贖還，下司、冀二州，禁市夫餘之口」。（九七下）

又王敦傳：「尚武帝女襄城公主……永嘉初，徵為中書監。于時天下大亂，敦悉以公主時侍婢百餘人配給將士」。（九八上）「帝以劉隗為鎮北將軍，戴若思為征西將軍，悉發揚州奴為兵，外以討胡，實禦敦也」。（九上）

又桓溫傳：溫禽袁瑾，「瑾所侍乞活數百人，悉坑之，以妻子為賞」。（九八上）

又王彌傳：「惠帝末，妖賊劉伯根起於東萊之惤縣。彌率家僮從之」。（百上）

晉書孫恩傳：自恩初入海（乃虜男女二十餘萬口，一時逃入海），所虜男女之口，其後戰死及自溺并流
離被傳賣者，至恩死時，裁數千人存。（百衲）　案二十餘萬女傷
言之也
又苻堅載記：堅以關中水旱不時，議依鄭白故事，發其王侯已下及豪
望富室僮隸三萬人，開涇水上源，鑿山起堤，通渠引瀆，以溉岡
鹵之田。及春而成。百姓賴其利。（卷十三　8上）
又姚興載記：興命郡國，百姓因荒自賣為奴婢者，悉免為良人。（卷十七）
（22下）
又呂纂載記：弘纂弟……奔出除纂。纂遣其將焦辨擊弘。弘之眾潰。出
奔廣武。纂縱兵大掠，以東苑婦女賞軍。弘之妻子，亦為士卒所

帝。帝笑謂群臣曰。今日之戮何如。光傳中書監曰……罪自由弘。百姓何罪。且弘妻。陛下之甥也。弘女。陛下之姪女也。奈何使無辜小人。與之禍害。……[illegible]之。以弘妻及男女於東宮。厚撫之。（晉載記）

呂隆據姑臧。穀價踴貴。斗值錢五千文。人相食。餓死者十餘萬口。城門晝閉。樵採路絕。百姓請出城乞為夷虜奴婢者。日有數百。隆惶懼動人情。盡坑之。積尸盈於衢路。（晉載記）

禿髮傉檀載記。興……遣其將姚弼……等……來伐。……弼至姑臧。屯於西苑。州人王鍾、宋鍾、王娥等密為內應。候人執其使送之。傉檀欲誅其元首。前軍伊力延侯曰。今強敵在外。內有

無聲。無多躬蹈，猶難不達。宜其坑之。以爲陋耶。傅檀從之。新至千餘人，以婦女而實濟。（自然所以）傅檀……無經。……特哲案廣東地。……一向爲職責。超樂其所樂，民所平安告傅檀。了了試觀之。今某報所載，大聲所謂。某夫民報。如婦嬰軍。雜誌所道。等所熟知也。伊等於事實蠻了解，了解了解。時傅檀銘之書，取其評以讚美之。是所謂也。不屑。即指大肆鼓吹。使無稽傑矣。甚至無知，妄肆其他人格中。遂引所無而存。果多不可。已盡錄時錄，前追之。前亦不足。（所作）有一某實載記載，每某段先生書之。若抄與所指。書甚錄載。求大學諸教授可。使道其中千人。甚至書遺屬具詳議。……左僕

討論詳議……宜擇其人與之。以後書如此章議

種蘭(卅八 2下)

又蘇峻傳:勒之勒記勒之兄子右將軍羅提率其將一萬保無錫都於宮陽。劉之。坑其士女千餘人,以女財為軍賞。(卅五 8上)

晉書十三王傳元顯:……發東土諸郡免奴為客者,號曰樂屬,移置京師,以充兵役。(六四 8上)

又孝友傳顏含,除吳郡太守。王導問含曰:卿今蒞名郡,政將何先?含曰:王師歲動,編户虚耗,南北權豪,競招遊食,國弊家豐,執事之憂。且當徵之勢門,使反田桑,數年之間,欲令户給人足。如其禮樂,俟之明宰。(八八 1下)

又陶回傳,遷吳興太守。時人飢穀貴,三吳尤甚,詔欲聽相鬻賣,以

擬時之急。因上疏曰……不如百官廩以振之。乃不給振。職

使百官及府郡軍資糧錢料米。以救災饑。由是一境獲全。（七）

（八上）

晉書隱逸傳 楊軻。天水人也。……石季龍……徵之。……以……

散遣。季龍遣以安車蒲輪。蠲十戶供之。（九四傳）

宋書武帝紀 永初元年八月辛未。追謚妃臧氏為敬皇后。癸酉。立

王太子為皇太子。乙亥。詔曰……先后祇徽當刊。七廟肇建。情

勝殿曆常絕機務太常。

敬與遠。加以俾官備禮。皇基請官。國慶宗禮。寔繫向日。……先

因軍事。所發奴僮。各還本主。若死亡及勳勞破免。亦依限還直。

（三上）

宋書孝武帝紀大明三年。六月。己巳。克廣陵城。斬竟陵王誕。悉誅城內男丁。以女口為軍賞。……辛未。大赦天下。尚方徒繫官奴婢老疾者悉原放。（南史十四）（五十）

宋書五行志。元康（晉惠帝）七年。七月。秦雍二州大旱。故其年氐羌反叛。雍州刺史解系敗績。是年正月。周處[illegible][illegible]并[illegible][illegible]關西[illegible][illegible]。之長孫[illegible]。至是饑疫荐臻。戎晉並困。朝廷不能振。詔聽相賣鬻。（卌九）

又……桓玄既篡居天位。義旗……掃定京都。玄之宮女及逆黨之家子女妓妾。悉為軍賞。東及甌越。北流淮泗。皆人有所獲。（卌八）

宋书五行志：晋成帝咸和初，地生白毛，近白眚也。孙盛以为民劳之異。是后胡贼滅中原，南北相猜，甘心焉。於是方鎮屢革，兼戍仍遠，[苦]攤勞部，如動有萬數，共有征伐，徵賦役無寧歲，天下擾動，民以疲弊。（卅 141上）

宋书皇后传：[illegible]五年，世祖詔：趙后生高祖，蕭后祖孝皇帝聘后，孝穆趙皇后[illegible]孝懿蕭皇后孝穆（[illegible]后之所生外祖親王夫人為豫章郡君，[illegible]平陽鄉君又）以繼國[illegible]皇[illegible]公　文帝袁皇后左光祿平樂鄉君乃室。后適高祖[illegible]大方[illegible]公湛之庶女。篤先尚錢若二十十萬給[illegible]三。以供[illegible]。（四之北）南史十一上

又[illegible]與八座[illegible]曰。因便犯法，無士人不罪之科，然為[illegible]詰讁。輒有諸訴，若垂恩宥，則法廢不可行。依事糾責，則物以為苦怨。宜更為其制。……其由江寧議。……如家典[illegible]有

所藏藏，可以得知。是以罪及奴客。自是客亦抱然，非代郎主。罗頗也。如其奴則不應坐。……者云王淮之議……首奴客竝數多役使，東西分散，住家者少。其有停者，左右驅馳，動止所須，出門甚寡。典計者在家，十無其一。奴客坐任，逼用出乘……(四二下)

宋書劉粹傳：而道濟……遂……荆州刺史……元嘉九年，司馬飛龍及道濟遣軍擊斬之。家民奴客數道濟，十檀道濟，乃免吴兵三十六營，以爲平民。又立宋興、宋寧二郡，又招集蠻賨，及免道俘奴僮，東西勝兵，可有四千人。(同上85)

宋書王懿傳：字仲德，犯高祖諱以字稱。……正慎觀，爲家僮所殺。(同上46上　南史21)

宋書吳喜傳：前廢帝時，說沈慶之，且言問楚薪附，並三吳勇士。

宅内奴僮，人有數百。（宋五七6上）

宋書謝弘微傳：所繼叔父混，混仍世宰輔，一門兩封，田業十餘處，僮僕千人。（宋五八2上）

□□□□傳……□□□□□□□□□太傅司空琅邪時事業，奴僮猶有數百人。（□□2上 南史卅作□）

又王韶之傳：前司□東冶士朱道民禽三叛士，依例放遣。韶之啟曰：……臣尋舊制，以罪補士，凡有十餘條。雖同異不紊，而輕重實殊。至於詐列父母死，誣罔父母淫亂，破義反逆，此四條實窮亂抵逆，人理必盡。雖復殊刑過制，猶不足以塞莫大之罪。既獲全首領，大造已隆，寧可復遂拔徙，□□舊業，自同編戶，列齒齊民乎。……至諸此四條，不合加贖罪之恩。……詔可。（宋六十1上）

宋書沈演之傳：太祖將伐林邑，朝臣不同，唯廣州刺史陸徽與演之贊成上意。及平林邑，以所獲黃金生口銅器等物賜演之，所得偏多。

此三下，南史刪。

宋書何承天傳：時有尹嘉者，家貧，母熊自以身貼錢，為嘉償責。……承天議曰：……嘉母辭自求質錢，為子還責。（此6上）

又謝靈運傳：靈運因父祖之資，生業甚厚。奴僮既眾，義故門生數百。鑿山浚湖，功役無已。尋山陟嶺，必造幽峻。……嘗自始寧南山伐木開逕，直至臨海，從者數百人。臨海太守王琇驚駭，謂為山賊，徐知是靈運，乃安。……在會稽，亦多徒眾，驚動縣邑。（此7上，南史……）

又王僧達傳：上表解職稱：婢僕十餘，粗有田入，歲時是課，足繼朝昏。

(七五下)

宋書沈慶之傳：好儒于討(七七下)

又劉延孫傳：世祖爲徐州，補治中從事史。時索虜寇縣瓠。分留[illegible]所掠民口。在安陸。太祖詔世祖遣軍救之。議其舉延孫爲元帥。固辭無將用。薦劉泰之自代。泰之既行。太祖大怒。免延孫官。(七八上)

又文五王傳：竟陵王誕同黨悉誅。殺城內男爲京觀。死者數千。女口爲軍賞。(七九上)

又沈懷文傳：尋丁父憂。新安郡送故豐厚。奉終禮畢。餘悉班之親戚。一無所留。太祖（文帝）聞而嘉之。賜奴婢六人。(八二上)

南史[illegible]作

宋書沈文秀傳：坐為尋陽王鞭殺私奴，免官，加杖一百。（八八上）

又孝義傳：許昭先，父母皆老病，家無僮役，竭力致養，甘旨必從。宗黨嘉其孝行。（九一上）

又隱逸傳：陶潛與子書，以言其志，并為訓戒曰：……汝輩稚小家貧，每役柴水之勞，何時可免。（九三上）南史七五下

又朱百年……卒。……蔡興宗為會稽太守，餉百年妻米百斛。百年妻遣婢詣郡門奉辭固讓。時人美之，以比梁鴻妻。（九三下）

又索虜傳：……申之告……向碻磝。……虜碻磝戍主……王買德……棄城走，獲奴婢一百四十口。（九五上）

又自序：璞字道真，林子少子也。……仍遷宣威將軍、盱眙太守。……

……臧質……收散卒千餘人來向城。虜語譯曰……閑門自愛。……譯曰。……賊之殘害，古今未有。屠剝之苦，衆所共見。大中有幸者。不過驅還北國。作奴婢耳。……

齊書鬱林王紀即位……詔曰。近北掠餘口。悉充軍賞。……可一同放遣。還復民籍。已賞賜者。亦皆為贖。

又王敬則傳詔遷為使持節散騎常侍都督會稽東陽新安臨海永嘉五郡軍事鎮東將軍會稽太守。……三年。進號征東將軍。

宋廣州刺史王翼之子妾路氏剛暴。數殺婢。翼之子法明告敬則。敬則付山陰獄殺之。路氏家訴。為有司所奏。山陰令劉岱坐棄市刑。敬則入朝。上謂敬則曰。人命至重。是誰下意殺之。都不

問。敎則曰。是臣愚意。臣知何物科法。見背後有節。便言應得

殺人。劉㦤亦引罪。上乃赦之。敎則竟免。以不顯名（卅六 3上）　南史 ⋯ 21上

齊書陸澄傳。澄弟鮮。……揚州主簿顧測。以兩奴就鮮質錢。鮮死。

子暐誣爲賣券。澄爲中丞。測與書相往反。後來咸無不守舊德。

未澄所謂子弟之非。未近鄰之之訓。此趣販斷不爲。況揩經領

袖儒宗。據業半。測家爲澄所排抑。世以此少之。（卅九 1下）　南史 只 21上

又 孝義傳。孫僧遠。弟亡無以葬。自賣貼與隣里。供斂送之費。躬

負土。手種松柏。見掃者播掾。乃自賣爲之賦役。（卅五 10下）　南史 七三 8上

又 吳康之事趙氏。父亡弟幼。值歲饑。母老。病篤。趙謂鄉里自賣。言

辭哀切。鄉里憐之。人人分升米相救。遂得免。（卅五 21上）

齊書孝義傳吳達之：嫂亡無以葬，自賣為十夫客，以營家葬。從祖弟敬伯夫妻荒年被略賣江北，達之有田十畝，貨以贖之，與之同財共宅。（卷五五）（南史七三上）

梁書武帝紀天監十七年八月……詔以兵騶奴婢，男年登六十，女年登五十，免為平民。（三上）（南史六上）考證：南史作男年六十六，女年六十。

又大同九年二月甲戌，使江州民三十家出奴婢一戶，配為司州。（三九上）

又簡文帝紀：即位，詔曰：……誅州見在北人為奴婢者，並及妻兒，悉可原放。（同上）

侯景傳：詔其籍被北人為奴婢者，冀收其力（南史八〇上）

梁書元帝紀：承聖三年（十二月），魏害世祖。……乃選百姓男女數萬口，分為奴婢，驅入長安。小弱者皆殺之。（五上）（南史俱，八上）

又王僧孺傳：出為南海太守。郡常有高涼生口及海舶，每歲數至，外國賈人，以通貨易。舊時州郡，以半價就市，又買而即賣，其利數倍，歷政以為常。僧孺乃歎曰：昔人為蜀部長史，終身無蜀物。吾欲遺子孫者，不在越裝。並無所取。（四三上）

又文學傳劉峻：宋泰始初，青州陷魏，峻年八歲，為人所略至中山。中山富人劉寶愍峻，以束帛贖之，教以書學。魏人聞其江南有戚屬，更徙之桑乾。（五十上）

又處士傳阮孝緒：義師圍京城，家貧無以爨，僮妾竊鄰人樵以繼

火。悉備知之。乃不食。更令撤席而炊。（宋一〇〇）

梁書良吏傳孫謙。泰始初。事建安王休仁。休仁以爲司徒參軍。言之明帝。擢爲明威將軍巴東建平二郡太守。郡居三峽。恒以威力鎮之。謙將述職。敕募千人自隨。謙曰。蠻夷不賓。蓋待之失節耳。何煩兵役。以爲國費。固辭不受。至郡。布恩惠之化。蠻獠懷之。競餉金寶。謙慰喻而遣。一無所納。及掠得生口。皆放還家。（梁五三）（南史七〇）

又豫章王綜傳高祖第二子系紀之5之好掠一百人（梁五五）

又侯景傳廢皇太子即皇帝位。於是矯詔赦北人爲奴婢者。冀收其力用焉。（梁五六）

陳書世祖紀。天嘉元年三月乙未。詔侯景以來。遭亂移在建安晉

安郡安郡地。華容……本土。其稱略皆收擇地。釋自爲民。（三6上）

陳書歐陽頠傳……梁……廣州刺史。……時頠弟盛爲交州刺史。次弟邃爲衡州刺史。合門顯貴。名振南土。又多致銅鼓生口。獻奉珍異。前後委積。頗有助於軍國焉。（九3下）南史六六作……

又程靈洗傳。伎妾無游手。並督之紡績。（十3下）

又徐陵傳子儉。高宗乃命章昭達率衆討紇。廣州刺史歐陽紇。仍以儉監其郡務。勅儉監昭達軍。紇平。高宗嘉之。賜奴婢十人。米五百斛。（廿六上）

又文學傳徐伯陽。鄱陽王爲江州刺史。伯陽嘗奉使造焉。王率府僚與伯陽登匡嶽。置宴。酒酣。命筆賦劇韻二十。伯陽與祖孫登

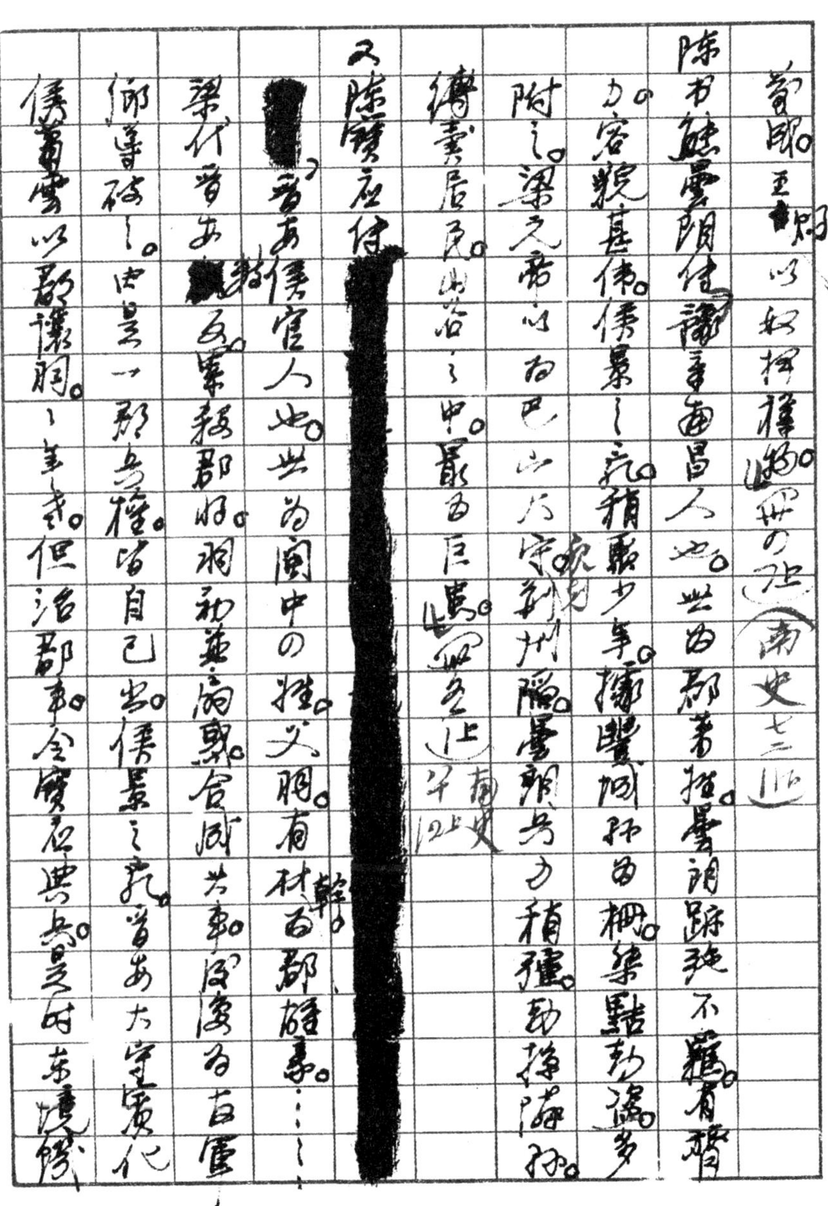

蕭昭（王欣）以奴婢……（四冊の七上）（南史七二 廿）

陳書熊曇朗傳：豫章南昌人也。世為郡著姓。曇朗跅弛不羈。有膂力。容貌甚偉。侯景之亂。稍聚少年。據豐城縣為柵。桀黠劫盜多附之。梁元帝以為巴山太守。荊州陷。曇朗兵力稍強。劫掠鄰縣。縛賣居民。山谷之中。最為巨患。（四冊の上）（南史八十 12上）

又陳寶應傳：晉安候官人也。世為閩中四姓。父羽。有材幹。為郡雄豪。……梁代晉安數反。累殺郡將。羽初並扇惑。合成其事。後復為官軍鄉導破之。由是一郡兵權。皆自己出。侯景之亂。晉安太守賓化侯蕭雲以郡讓羽。羽年老。但治郡事。令寶應典兵。是時東境饑饉。會稽尤甚。死者十七八。平民男女。並皆自賣。而首安得豐沃。

贅應自海道寇臨安永嘉及會稽緣姚江諸縣。又剽米粟子丁質易。多殺男子女。共有殺殺自殺廿。此並兵掠之。由是大殺贖塵。士庶罹禍。四五上

齊書虞愿傳。虞愿明帝以故宅起湘宮寺。費極奢侈。……新安太守巢尚之罷郡還見帝。帝曰。卿至湘宮寺未。我起此寺。是大功德。愿在側曰。陛下起此寺。皆是百姓賣兒貼婦錢。佛若有知。當悲哭哀愍。罪高佛圖。有何功德。四三上

南史陳武帝本紀。紹泰二年。……齊軍大潰。……先是童謠云。虜萬夫。入五湖。城南酒家使虜奴。自晉宋以降。經緯在魏境。江淮

以上如兩人皆認為虜。是時以虜傳習為世。一人栽自一路。（原卌上）

南史柳仲禮傳：禮少以勇敢聞。身長八尺，挽強，膂略兼人。為百姓所喜。襄陽有柳仲郎歌。（卅五）

又陸騰竟傳：騰竟之為襄陽府將也。家貧，無依假。鄉僑貸自給。嘗為城東吳泰家擔水。遇泰所賞拔。幸蒙以禮泰教。進書楷材中。以勳加上。乃免。及杜龕敗死。啟明帝云。泰以從助雍州刺史袁顗為逆強。虞同逆。若事平之日。乞其家屬，帝許之。至是收籍吳氏。惟家人僕身得存。僮僕財貨直數千萬。皆有之。先所遺擇。即以為妻。（同上四七下）

南史范雲傳：又為始興内史。舊郡豪家侵之如搦，悉付作部，或即貸去。會稽郡官雲乃先給百姓請之。若百日無主，依判送臺。七

七上

又華皎傳：皎起自下吏，善營產業。又征川洞，多致銅鼓、生口，並送都下。（六八）

又孝義傳：朱文濟自賣以葬母。太守命為儒林，不就。（七三）

南史賊臣侯景傳：於是遂悉付。圍城居人，悉募為軍士。擬停責市估及田租，百姓子女悉以配將士。（八〇）

又募北人先為奴者，並令自拔，賞以不次。朱异家黥奴乃與其儕踰城投賊。景以為儀同，使至闕下，以誘城内。乘馬披錦袍，詬朱异曰：汝五十年仕宦。

41上

方得中鋒筆。轉折始來便矣。已與衛同。想是如傳說者。盡皆得矣。

叔擇

魏書世祖紀始光四年，五月乙酉，車駕至自西伐，賜留臺文武生口、、、各有差。伐赫連昌
五月，車駕西討赫連昌，、、、入城，、、、昌宮人及生口，、、班賚將士各有差。（同上32頁）
又神䴥三年十一月乙亥，帝幸安定，、、簿其生口財畜，班賜將士各有差。赫連定（同上卅）
又延和元年，所獲生口，班賜將士各有差。時攻馮文通
又太平真君十一年四月，癸卯，車駕還宮，賜從者及留臺郎吏以上生口各有差。（同上　北史二卷）時南伐
又正平元年，三月乙亥，車駕至自南伐，、、賜留臺文武所獲軍

資生口各有差。(四多下延二八上)北史

魏書高宗紀興安二年十二月，詔河間鄚民為賊盜者，男年十五以下為生口。班賜從臣各有差。(五上)

又和平四年八月壬申，詔曰：前以民遭饑寒，不自存濟，有賣鬻男女者。盡仰還其家。或因緣勢力，或私行請託，共相通融，不時檢校，今良家子息仍為奴婢。今仰精究，不聽取贖，有犯加罪。若仍不檢還，聽其父兄上訴，以掠人論。(五上)

又高祖紀太和三年六月丁卯，以澍雨大洽，曲赦京師，以細繒絹布百萬匹及南伐所俘，賜王公已下。(七上)

又五年三月，詔曰：法秀妖詐亂常，妄說符瑞。蘭臺御史張求等一

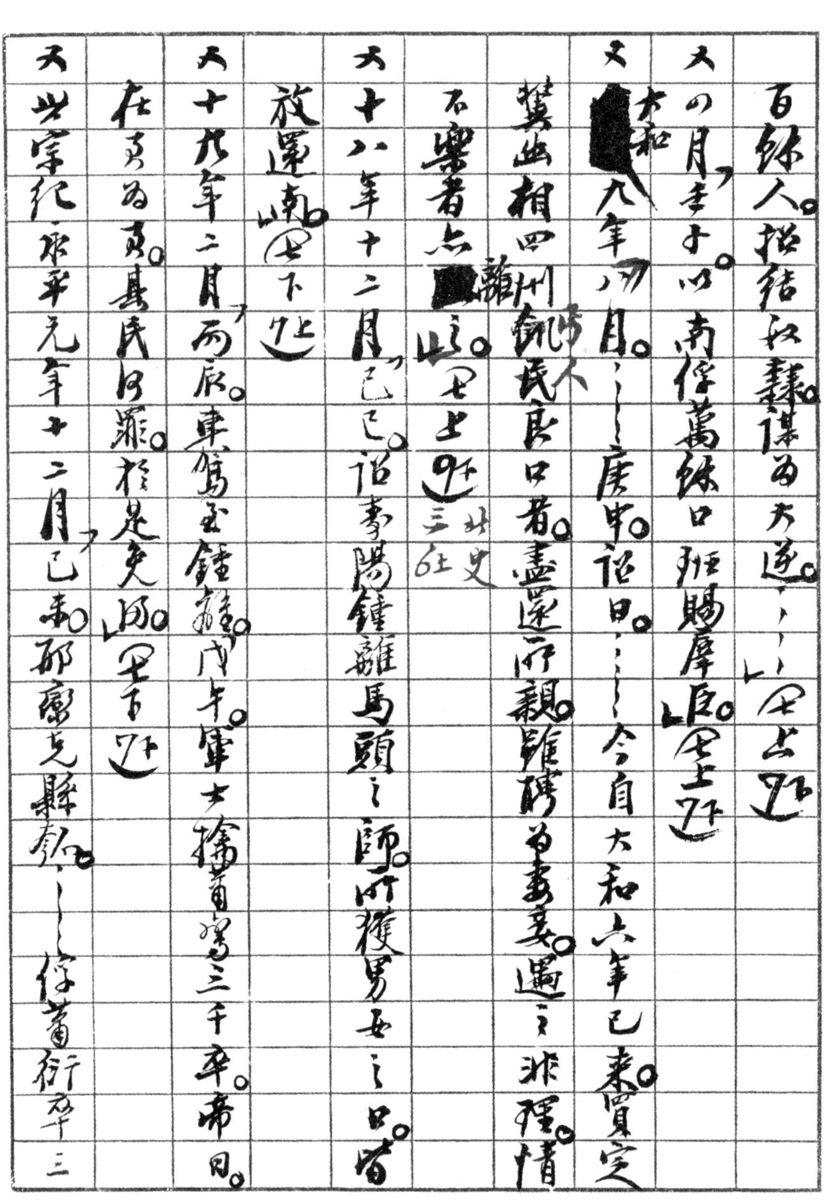
百餘人。掠給奴隸。俱而大逆。……（同上）卷下

太四月辛丑。以南俘萬餘口班賜群臣。（同上）卷下

太和八年四月。……庚申。詔曰。……今自太和六年已來。買定

冀幽相四州饑民良口者。盡還所親。雖娉為妻妾。遇之非理。情

不樂者亦離之。（同上）卷上 北史三

太十八年十二月乙巳。詔壽陽鍾離馬頭之師所獲男女之口皆

放還南。（同上）卷下

太十九年二月丙辰。車駕至鍾離。戊午。軍士擒蕭鸞三千卒。帝曰。

在君為君。其民何罪。於是免歸。（同上）卷下

大 世宗紀。永平元年十二月乙未。邢巒克縣瓠。……俘蕭衍卒三

手絲人。分賜王公以下。（見北史）

又延昌二年閏二月癸卯。定奴良之制。以景明為斷。（見北史）

魏書肅宗紀延昌四年九月詔曰。……前因饑失業。夫婦離散。賣鬻男女。以為僕隸者。各聽歸還。……（見北史）

又正平元年三月壬辰。以俠石俘虜分賜百寮。（見北史）

又孝昌二年十一月詔曰。頃寇京淪覆。中原喪亂。宗室子女。屬籍在七廟之內。而雜戶濫門所拘辱者。悉聽離絕。（見北史）

又孝靜紀武定三年四月丁未。齊神武王請於并州置晉陽宮。以處配沒之口。（十二紀 北史作北）

又六年正月己未。齊文襄王來朝。請以寒山獲士 華夷陽傳陽的 擄泗州於寒山

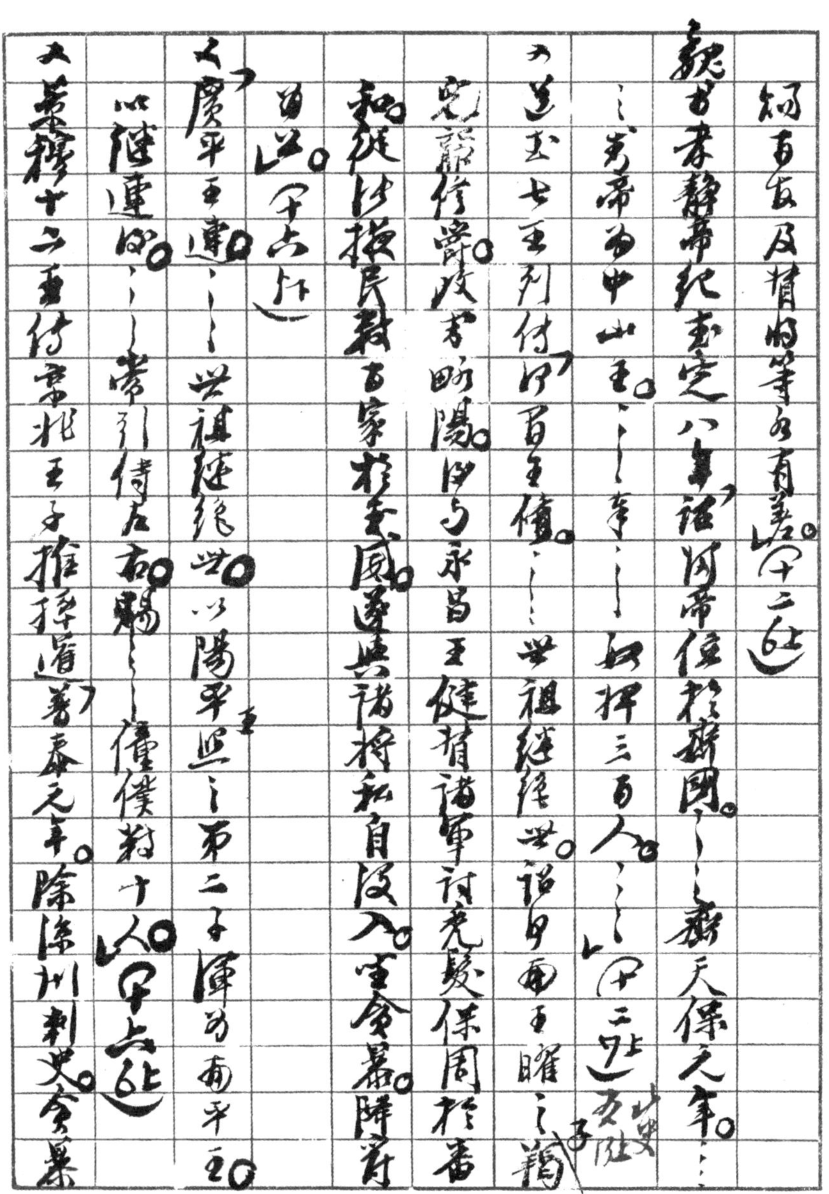

無賴，恐覩府人及商旅賓人財物，作一甚符，誰諸家等。云將加
賞。一時盧鈞在府，有資財生口，盡收自入。（十九上五下）
又廬陵王小斌既于鬱林之弟，僅子諠，除高州刺史，在州貪暴，□□
家之奴婢，逼取人馬牛。（十九上七上）　十七上　北史
又僕射蕭懿，明帝建武元年……為使持節都督北荊州刺史，討伐呂苟兒
陳顯達因平賊之功，拜權上第七百餘人，世宗嘉其功，詔有司
不聽追檢。（十九上十下）
又南安王楨，除涼州刺史，以聚斂無厭，被南安王，從籍舊宗，訪之奴婢
三十人。（十九下七上）
又獻文六王傳，咸陽王禧奴婢千數。（廿上八上）

魏書許謹傳：從征衛辰。以功賜僮隸三十戶。時胎虜（四四傳）

又崔玄伯傳：玄伯弟徽，子衡，衡子敞，敞弟勝之逆，敞為黃木軍主，帥

又陳奇傳：其家並見籍沒。唯敞妻李氏，以公主之甥，自隨收拼

田宅二百餘口得免（四四傳）

又有崔模。附玄伯傳

模附隨。……為劉裕滎陽太守。戍虎牢。神䴥中，平滑臺。

模在南，妻張氏，有二子。沖智、季柔。模至京師，賜

妻金氏，生子幼度。沖智以父隔遠，乃聚貨物，間託關境，規贖模

歸。其母張氏每謂之曰：汝父性懷，本自無決，必不能來也。行人

遂以財贖至都，當竊模還。模果須金及幼度等。指幼度 謂

行人曰：吾何忍捨此輩，令坐致刑辱，當為爾取一人，使名位不

減於新。乃授以中謨。謨劉義隆東郡太守。與朱脩之守滑臺。神䴥中。被執入國。俱得賜妻。生子靈度。申謨聞此。乃棄妻子。走還江外。靈度刑爲閹人。(四〇注)

魏書長孫肥傳。平中原。西摧羌寇。肥功居多。賞賜奴婢數百口。(廿六注) 北史 廿二注

又庾業延傳。以功名岳。天賜四年。詔賜岳舍地於南宮。岳將家僮治之。(四八注)

又奚斤傳。濟州平。以戰功。賜僮隸七十戶。(四九注) 北史 廿注

又王建傳。從征伐諸國。破二十餘部。以功賜奴婢數十口。……從征衛辰。破之。賜僮隸五千戶。……從征慕容寶於參合陂。大

祖乘勝。將席卷南夏。於是簡擇俘衆。有才能者留之。其餘欲悉給衣糧遣歸。令中州之民咸知恩德。乃召羣臣議之。建曰。……不如殺之。……諸將咸以建言為然。建又固執。乃坑之。太祖既而悔焉。……和跋……城內……徒河人共立慕容普驎。……閉門固守。……使人登巢車臨城招其衆。……皆曰。……恐如參合之衆……求全日月之命耳。太祖聞之。顧視建而唾其面。（卅傳）

魏於安同付太祖班賜功臣。同以使功居多。賜以妻妾及隸戶三十。……（卅[illegible]）

又劉尼付跋祖……賜別戶二十。（卅[illegible]）

又宿石付赫連屈孑弟文陳之曾孫也。天興四年。文陳父子歸闕。

大祖嘉之，以宗女妻，賜奴婢數十口，拜為上將軍。（卅 7上） 又皆干。⋯⋯從駕討和龍，以功賜奴婢十七戶。（卅 7下）

魏書豆代田傳：以從駕平昌（赫連昌），以戰功賜奴婢十五口。⋯⋯（卅 8下）

又閭觀傳：真君初，詔觀統五軍西討禿髮保周於張掖，徙其民數百家，將置於京師，至武威，輒與諸將私分之。世祖大怒，黜觀為金城侯。（本金城公）（卅 9上）

又乎舉彈傳：字洛拔，從征涼州，既平，賜奴婢四十口。（卅 11下）

又來大千傳：頻從車駕北伐，以謀功居多，賞賜奴婢百口。⋯⋯（廿三 7下）

又李先傳：以贊成北伐，大宗嘉之，賞先奴婢三口。（卅三 2上） 賜隸

户二十二。上(卅三卧)

魏書王洛兒傳：賜僮隸五十户。上(卅の上) 北史 並壯

又盧魯元傳：每有平殄，賜以功，賞賜僮隸，前後數百人。上(卅の卧)

又陳建傳：世祖討山胡白龍，伏於隱處，建以身捍賊。……賜户二十。上(卅の卧)

又子念，為中山守。坐掠良人，為御史中尉王顯所彈，會赦免，除。上(卅の卧)

魏書李順傳：世祖……賜奴婢十五户。……上(卅五卧)

又司馬楚之傳：從征涼州，以功賜隸户一百。上(卅七卧)

又陸俟傳：長子馛，為相州刺史，以善政顯。祖嘉……賜奴婢十口。上(卅の)

十 24下 逆 共24上 史

魏書游雅傳高宗……是時斷獄多濫。雅上書曰。聖王謀反之家。其子孫雖養他族。追還就戮。所以絕罪人之類。彰大逆之辜。其為劫賊應誅者。兄弟子姪在遠。道隔關津。皆不知。禍值及殊制律之意。以不同謀。非絕類之罪。如拘無不死之議。若年十三已下。家人首悉。計謀所不及。愚以為可原其命。沒入縣官。高宗納之。（同上24下）

又酈範傳慕容白曜南征。範為左司馬。及無鹽白曜將盡以其人為軍實。範曰。……乃免之。（同上24上）

又韋瞻傳賞閬……奴婢十口。（同上二十下）

魏書毛脩之傳 從討和龍，別破三堡，賜奴婢牛羊。（四三上）

又裴駿傳子脩 次弟務早喪，脩哀傷之，感於行路，愛育孤姪，同於己子。及將異居，奴婢田宅，悉推與之。（四五下）

又慕容白曜傳 青州既降，乃徙二城民望於下館，朝廷置平齊郡懷寧歸安二縣以居之。自餘悉為奴婢，分賜百官。（五〇下）

魏書 興外史 二年 萬8上

又呂羅漢傳 高祖詔羅漢曰：……赤水諸羌，居邊土，非卿善誘，何以招輯。卿所得口馬，表求貢奉，朕嘉乃誠，便敕領納。其馬卽付都牧，口以賜卿。（五一下）

又衆敬傳 ■■■■ 初敬在州千日。州平入國 敬敷億人源興倫人陰世隆

文才相友。世隆至京師，被罪徙和龍，屠上谷。因不得逢。士人係

材抑捺爲奴。五年，敵國行至上谷。遇見世隆。詢其由狀，等泣而

别。敵爲訴理，得免。（五二一八下）（北史）

東敵爲劉昌助義入魏，以儒

學見拔，爲中書侍士，其友亦爲儒者，而猶見抑爲奴，可見是時

之間無大目

魏書鄭連山傳（鄭羲）性嚴暴，撻僮僕，諸子之人懼，父子一時爲奴所

害。劉首投馬槽下，乘馬以逃。其弟二子思明驍勇善騎射，披髮

牽射，義馳騎追之，及於[illegible]，以奴乘馬投水，思明止將從，不聽，被夫。

乃自射之，一發而中，[illegible]之隨流，痛入，扶至家，宿而救之，六

之九

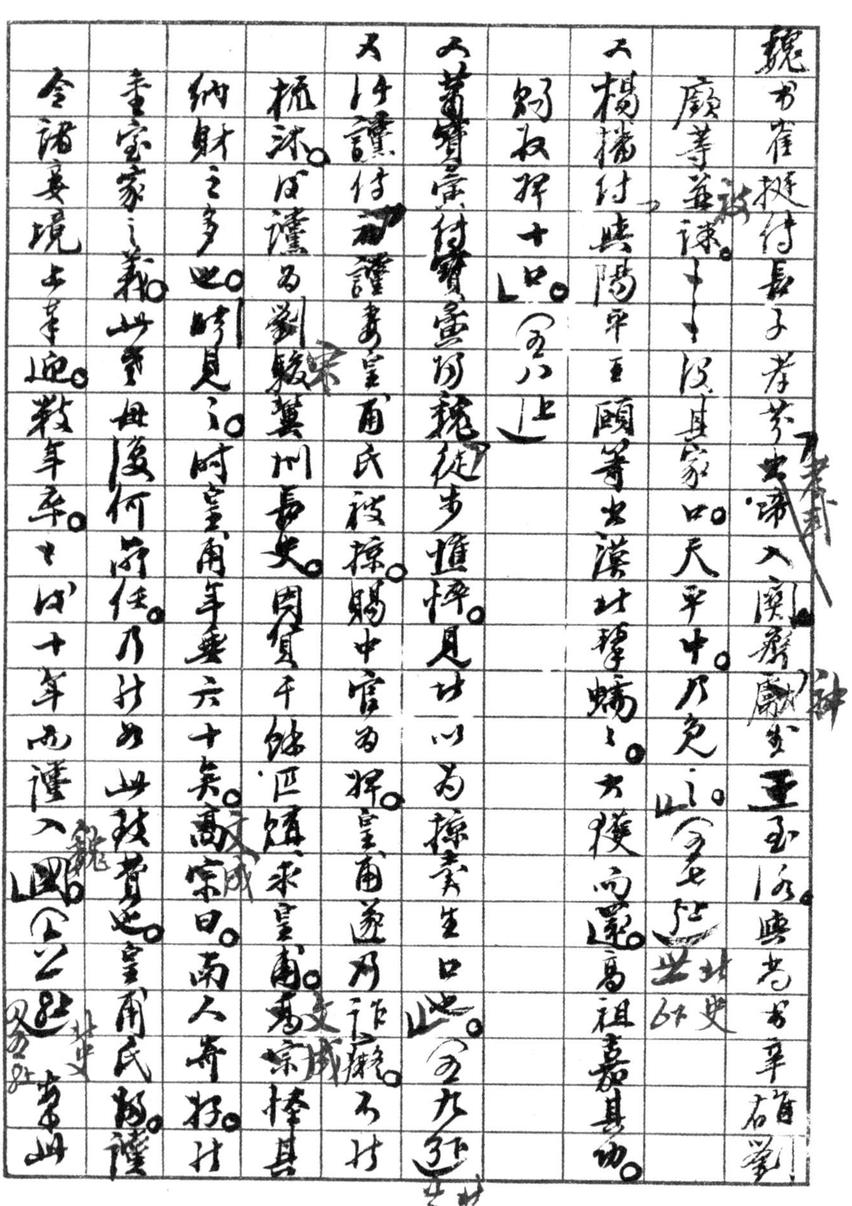

魏書崔挺傳：長子孝芬，出帝入關，齊獻武王至洛，與尚書辛雄及劉廞等並誅。沒其家口。天平中，乃免之。（五七）

又楊播傳：與陽平王頤等出漠北擊蠕蠕，大獲而還。高祖嘉其功，賜奴婢十口。（五八）

又蕭寶夤傳：寶夤奔投魏，徒步憔悴。見者以爲掠賣生口也。（五九）

又于謹傳：謹妻皇甫氏被掠，賜中官爲婢。皇甫遂乃詐癡，不肯梳沐。後謹爲劉駿冀州長史，因貨千餘匹贖求皇甫。高宗怪其納財之多也，引見之。時皇甫年垂六十矣。高宗曰：南人奇好，能重室家之義。此老母復何所任，乃能如此致費也。皇甫氏歸謹，令諸妾境上奉迎。數年卒。卒後十年而謹入魏。（八七）此事此

亦見鮮卑人之思想矣

魏書邢巒傳：巒之初至漢中，從容風雅，接豪右以禮，撫細民以惠。歲餘之後，頗因百姓去就，誅滅豪民，籍為奴婢者二百餘口。兼商販聚斂，清論鄙之。（卷六五）

又李平傳：前來邢巒之訟，多有積年不決，平奏不問真偽，一以景明年等為限，於是諍訟止息。（卷六五）

又崔亮傳：亮與初有同郡二人，並被掠為奴婢，仍謂亮求哀，亮乃以二口贖之。（卷六六）

又江悅之傳：有部曲數百人。蕭衍初以悅之為荊州征西府中兵參軍，領臺軍主，遷屯騎校尉，輔國將軍，部曲稍眾，千有餘

人。蕭贖遣內漢中。(四一作迎)

魏書盧同傳：營州城人就德興謀反。除同持節使營州慰勞，聽以便宜從事。同頻遣使人，皆為賊害。乃遣賊家口三十人，并免家奴為良，齎書諭德興。德興乃降。(七六盧同傳)

又張烈傳：靈太后反政，以烈元叉黨，出為青州刺史。于時議者以烈家產畜殖，僮客甚多，慮其怨望，不宜出為本州，改授瀛州刺史。(七六張烈傳)

又宋翻傳：初翻為河陰令，順陽公主家奴為劫，攝而不送。翻將兵圍主宅，執主壻馮穆，步驅向縣。時正炎暑，立之日中，流汗霑地。(七七)

魏书高崇传：家资富厚，僮仆千余。（七七9上）

又子谦之……疏曰：……自正光已来，……诸守帅或非其才，多遣亲都，妄称入募，别倩他人引弓格；虚受征官，身不赴陈，惟遣奴客充数而已。……（七七9下）

居家僮隶，对其儿不违其父母，生三子便免其一，世无髡黥奴婢，常称俱禀人体，如何残害。（10上）

初，谦之弟道穆，正光中为御史，纠相州刺史李世哲事，大相挫辱，其家恒以为憾。至是，世哲弟神轨，为灵太后深所宠任，直谦之家僮诉良，神轨左右之，入讽尚书，判禁谦之于廷尉。时将赦，神轨乃启灵太后，发诏于狱赐死。（11上）

又侯渊传：永安初，除齐州刺史。……出帝末，渊与兖州刺史樊子觀。青州刺史東萊王貴平密信往來。以相連結。又遣間使通誠於獻武王。及出帝入關。後懷顧望。洛陽王暹既除齊州刺史。次於城西。淵擁部據城。不時迎納。民劉桃符等潛引暹入據西城。淵寧門不克。率騎出奔。妻兒部曲為暹所虜。行達廣里。會承制以淵行青州事。齊獻武王又遣淵書曰。卿勿以部曲輕少。難於東邁。齊人澆薄。唯利是從。齊州城民尚能迎洛陽。青州之人豈不能開門待卿也。淵乃復還。暹始歸其部曲。而貴平自以斛斯椿黨。亦不受代。淵進襲高陽郡。克之。置部曲家累於城中。率輕騎遊掠於外。（十餘日）淵乃棄累。行達南青州還。為賣漿者斬之。傳首京師。家口配沒。（止）

魏書外國傳姚黄眉為陽翟公主駙馬都尉，賜隸户二百。（八二七北）

又高肇自云渤海蓨人。五世祖顧，晉永嘉中避亂入高麗。父颺，——高祖初，與弟乘信及其鄉人韓内、冀富等入國。拜厲威將軍、河間子。乘信明威將軍。俱待以客禮，賜奴婢牛馬綵帛。同陽

王禧誅，財物珍寶奴婢田宅多入高氏。（八三下北）

又文苑傳溫子昇為廣陽王淵賤客，在馬坊教諸奴子書。（八五北）（八三北史）

又酷吏傳羊祉為秦梁二州刺史。——性撲人為奴婢。為御史中尉王顯所彈免。（八九北）（九北史）

又崔暹以行豫州事，為印貢，坐——藏匿官奴婢，為御史中尉王顯

所彈免官。（九九上）

魏書術藝傳徐謇以治高祖疾，賜奴婢十口。（九一上）

又恩倖傳王叡子襲，襲弟椿，僮僕千餘。（九三上）九二下北史

又王仲興兄可久，在徐州，恃仲興寵勢，輕侮司馬梁郡太守李長壽。遂與忿諍。彭城諸沙門，共相和解。未幾，復有所競。可久乃令僮僕邀毆長壽。遂折其脅。（九三下）

又閹官傳張宗之：諸中官皆以貴寵，推趙黑及宗之，宗之家僮數百。通於士流。（九四下）

又抱嶷先以從弟老壽為後。又養右師馮興子次興。嶷死後，二人爭立。壽妻仲氏，投訟經年。因以興子為嗣。後事亦仍陳訴。終獲

給羅以與還於本族。給奴婢三十口。蔭家各賜賚奴婢牛馬畜
數百千。他物稱是。(九の廿) 之事敗之事奔蠕蠕氏……之事
死戍。收紀家業。稍復其舊。奴婢尚六七百人。(上) 北史九二 8上

又王遇，始遇與抱嶷並為文明太后所寵。前後賜以奴婢數百人。
……(九の廿)

東瀛公騰執賣諸胡於山東，石勒亦在其中，賣與師氏為奴。魏書 猶好
傳(九の廿)又六 見晉書載記

魏 及略陽氐呂光傳隆、沮渠蒙遜、禿髮傉檀頻來攻擊。河西之民
不得寧息。……姑臧城門晝閉。樵采路斷。民請出城乞為夷虜
奴婢者日有數百。隆恐沮動人情。盡坑之。於是積尸盈於衢路。

户絶廿十有八上。（卷五 206）

魏書島夷蕭衍傳：侯景渡江至臨城之後，江南之民及衍王侯妃主、世胄子弟，爲景軍人所掠，或自相賣鬻，漂流入國者蓋以數十萬口。（卷九八）

魏書蠕蠕傳：始神元之末，掠騎有得一奴，髮始齊眉，忘本姓名，其主字之曰木骨閭。木骨閭者，首禿也。木骨閭既壯，免奴爲騎卒。（一〇三）

又阿那瓌傳比詔阿〻〻〻絆二口。（一〇三）

又徒何段就六眷傳：本出於遼西。其伯祖日陸眷，因亂被賣爲渔陽烏丸大庫辱官家奴。諸大人集會幽州，皆持唾壺，惟庫辱官

猶無。乃唾日陸眷口中。日陸眷因咽之西向拜天曰。願使主君
之智慧祿相。盡移入我腹中。其後漁陽大饑。庫辱官以日陸眷
為健。使將之詣遼西逐食。招誘亡叛。遂至強盛。（卅三上）

將賣不言良之罪　將賣流漂非之掠等　盜律掠人掠賣人和
賣人為奴婢者死　又賣為婢體本是良　知人掠盜之物而
故買者以隨從論　五服相賣俱是良人　魏書刑罰志費羊皮事（卅上）

魏書釋老志曇曜沙門統　奏平齊戶及諸民有能歲輸穀六十斛入
僧曹者。即為僧祇戶。粟為僧祇粟。至於儉歲。賑給饑民。又請民
犯重罪及官奴。以為佛圖戶。以供諸寺掃灑。歲兼營田輸粟。高
宗並許之。於是僧祇戶粟及寺戶。遍於州鎮矣。（卅六上）

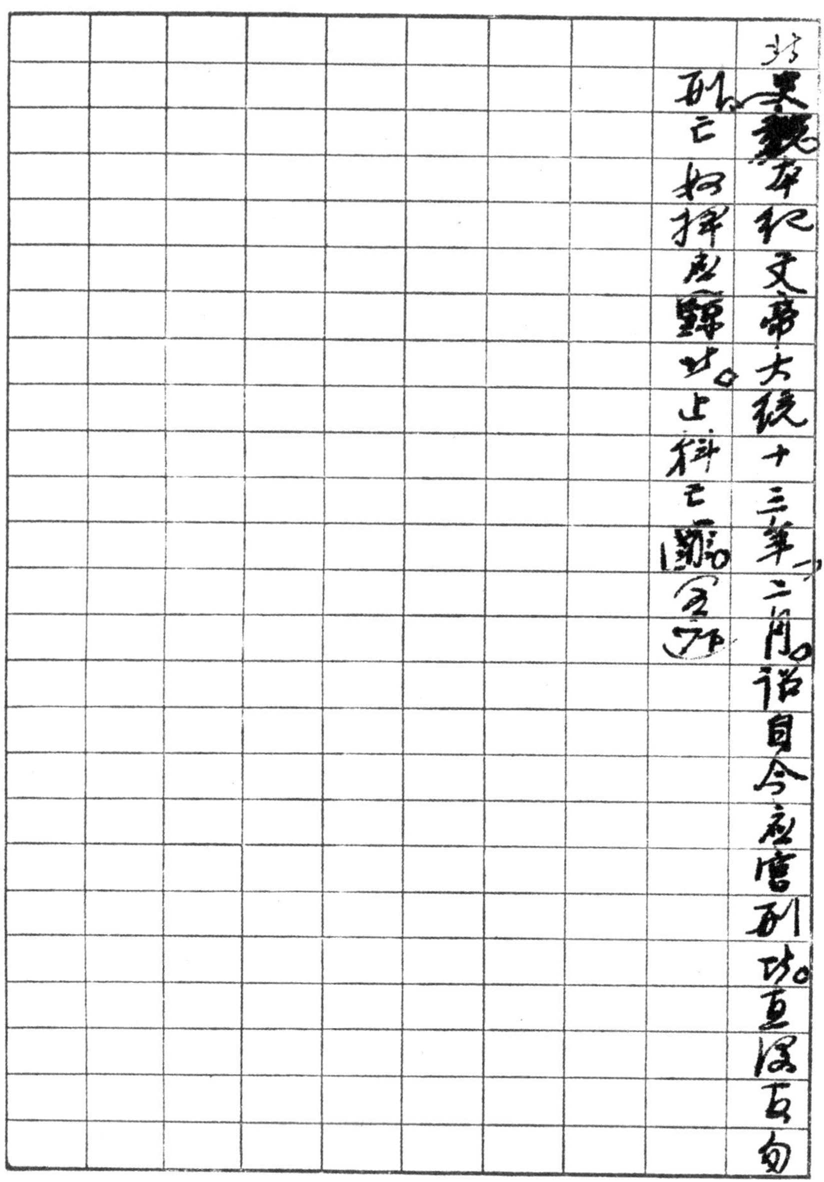

北史魏本紀文帝大統十三年二月。詔自今應宮刑者。直沒官勿

刑。已如律應歸者。上科之罪。（五下）

周書文帝紀。魏恭帝元年。于謹陷江陵。擒梁元帝。殺之。並虜其百官及士民以歸。沒爲奴婢者十餘萬。其免者二百餘家。(三 6下)(北史九)

又明帝紀。即位之歲十二月甲午。詔曰。善人之胤。猶累世宥。況魏氏以德讓而終。豈容不加隱卹。元氏子女。自坐趙貴等事以來。所沒入爲官口者。悉宜放免。(同上)

又武帝紀。保定五年六月辛未。詔曰。江陵人年六十五以上爲官奴婢者。已令放免。其公私奴婢。有年至七十以外者。所在官司宜贖爲庶人。(同上)(十 2下)(北史)

又建德元年十月。庚午。詔江陵所獲俘虜充官口者。悉免爲民。(同上)

（南北）十卅　北史

周書武帝紀：建德六年，滅齊，詔：……自武平三年以來，河南諸州之民，偽齊破掠為奴婢者，不問官私，並宜放免。……（南北）十卅　北史

又十一月詔：自永熙三年七月已來，去年十月已前，東土之民，被抄略在化內為奴婢者，及平江陵之後，良人沒為奴婢者，並宜放免。所在附籍，一同民伍。若舊主人猶須共居，聽留為部曲及客女。（南北）十卅　北史

又宣政元年二月丁亥，詔：柱國故豆盧寧征江南，武陵、南平等郡，所有民庶為人奴婢者，悉依江陵放免。（南北）十卅　北史

又靜帝紀：大象二年六月己巳，詔：河南之北，江之衡、巴四州民為宇文

亮抑而奴婢卅口並免為民。復其本業。以上北史十卌

周書李檦傳：檦嘗隨魏孝武入關，從太祖擒竇泰，復弘農，以功賞奴婢異以拯財

詞之。（甲五乙）

又于謹傳：平江陵，虜其男女十餘萬。……賞僮奴婢一千口。……（甲）

（北史廿三作）

又謹子寔，魏恭帝二年，從柱國趙貴征茹茹，破之。遂吐谷渾……遷豐。

遷右將軍，從討之。蹕附而叛。又令寔往，遂破之。大獲雜畜

賞奴婢一百口。……（甲十五乙）北史廿三作

又王德傳：德小名烏如。……尋除大將軍，賜雜奴

並一以賞其弟。因遣無貳，不復相知。及德在東，條拔得之。

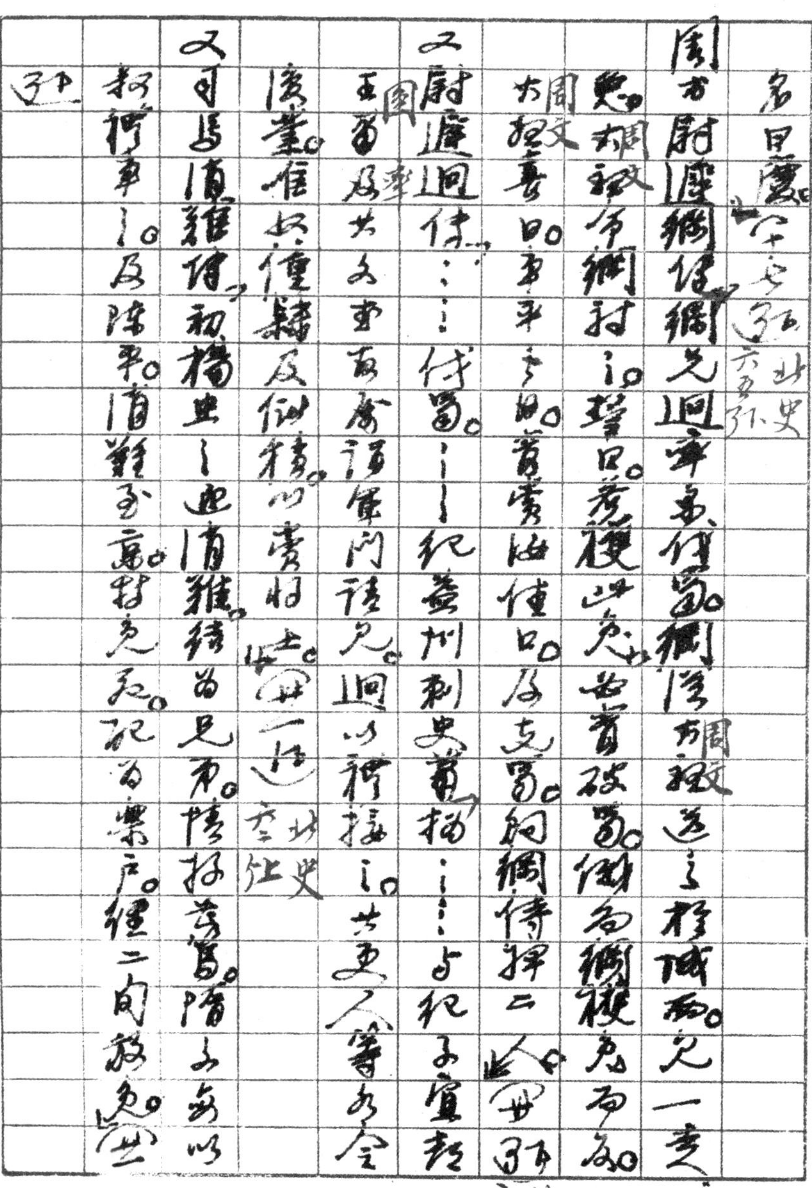

周書李賢傳：莫折後熾連結賊黨，所在寇掠。賢率鄉兵與行涇州事史寧討之……擒後熾，獲其妻子僮隸五百餘人……師還，以功賞奴婢數千口。（卷廿五 21上）

及高祖西巡，幸賢第……問其昔經侍奉者之人，授大都督四人，帥都督六人，別將奴已下免賤卅五人，授官者……來免卅十二人。給醫救之。（卷廿五 23上）

又長孫儉傳：江陵平，以儉元謀，賞奴婢三百口。（卷廿六 頁）

又韓果傳：武成二年，又率衆破稽胡，大獲生口，賜奴婢一百口。（卷廿七 21上）

又史寧傳：突厥木汗可汗假道涼州襲吐谷渾，太祖令寧率騎隨之。及將班師，木汗遺寧奴婢一百口……（卷廿八 21上）

周書陸騰傳：家因破喪，賞以奴婢八百口……（廿八騰）

又宇文虯傳：從趙貴討蠻及羌……賞奴婢二百口……（廿九虯）

又楊紹傳：于謹圍江陵，紹攻門，移樹把門，流矢中股，而力戰不衰。衆賞奴婢一百口。（廿九紹）

又侯植傳：從于謹平江陵……賜奴婢一百口。（廿九植）

又竇熾傳：高祖……熾時年已衰老，乃抗疏曰……高祖壯其志節，遂以熾第二子武當公恭為左二軍總管。齊平，□□。帝乃出齊宮人……熾□□曰：陛下真不負先帝矣。帝大悅，賜奴婢三十人……（卅熾）

又于翼傳……謹之子……謹平江陵，所贈得軍實，翼□□□子翼

一無所取。擯嘗賓口同名諸子弟有士風者。別待遇之。大理間（文帝）
之。特附收錄二百口。異國存不覺。（卅）
又梁士彥傳。隋文帝作相。時高穎指授。尉遲迥反。帝以行軍總管。及迥
弟若覺擊之。令家僮梁默等爲前鋒。士彥繼之。所當皆破。及迥
平。除相州刺史。深見忌。乃代還京師。閑居無事。恃功懷怨。與宇
文忻劉昉等議。將率僮僕。候上享廟之際。以發機……（卅六上）
又唐瑾傳。于謹南伐江陵。以瑾爲元帥府長史。……江陵既平。衣
冠仕伍。並沒爲僕隸。瑾察其才行。有片善者。輒議免之。賴瑾獲濟
者甚衆。時論多焉。（卅二）北史 宗仕
又薛善傳。善家素富。僮僕數百人。（卅五）

周書韓褒傳：保定三年，出爲汾州刺史……寇……來……伏（累遷）（……先是齊寇數入。民廢耕桑。）擊之。盡獲其衆。故事。獲生口者。並囚送京師。褒因是奏曰。所獲賊衆。不足爲多。俘而辱之。但益其忿耳。請一切放還。以德報之。有詔許焉。自此抄兵頗息。（卅七）北史七十

又辛慶之傳：族子昂。天和初。陸騰討信州羣蠻。歷時未克。高祖詔昂便於通渠等諸州運糧饋之。……使還。屬巴州萬榮郡民反叛。攻圍郡城。遏絶山路。……募開通二州。得三千人。……出其不意。……望風瓦解。……[illegible]綏[illegible]其權[illegible]得[illegible]。[illegible]

周書[illegible]即[illegible]中[illegible]好拜二十四。……（卅九）北史七十

又[illegible]遐傳：第十五兩江陵滅。遐隨例遷長安。其親屬等多被籍而

選精年少入團保。皆獲免之。（四十七）（六二八 北史）

團。若當大團依傍定二年。從民擇為西王當大封。當與王當大團

等。選閭子弟。宜依傍禮——大專可者當陵擇為。大團專統軍

鄉兵。卷數一千戶。前後大團里轉大將軍儀同三司等都……

如擇——（四〇二）

又豪選擇鄉兵者帥之。直閣人蕃扶。降部人里誌。當部人首團等

選精為義。……與數職。抒為同往淸路。……何……南出掏地——

……宗室之。……鄉招擇三十人。（四〇三）

又蕭詧傳：初江陵平。詧將尹德毅說詧曰：……今魏虜貪惏。罔顧

弔民伐罪之義。必欲肆其殘忍。多所誅夷。俘囚士庶。並為軍實。

[illegible]

以至於是。（四八上）北史（九三、二下）

周書異域傳：稽胡[illegible]相擾，[illegible]不能[illegible]，[illegible]稽首，[illegible]以不服。[illegible]之。

乃將賈人掠拐，捕逐者追亡數，稽[illegible]傳之。但經稽傳，仰服自降

縣。而殺男子，係其妻子。至於西戰，每隨軍[illegible]。書為[illegible]之。稽胡以

充[illegible]役。語之[illegible]歷稽胡。所有南稽伐來者。亦資以財貨。多[illegible]為

稽胡入居之處。有稽胡州[illegible]處。（四九上）北史

北史周本紀：武帝建德六年詔曰：以刑止刑，以輕代重，罪不

及嗣，皆有定科。雜役之徒，獨異常憲。一從罪配，百代不免。罰既

無窮，刑何以措。凡諸雜戶，悉放為百姓。配雜之科，因之永削。

（九上）

北齊書神武帝紀興和三年五月丁未，神武請於并州置晉陽宮，以處配口。（三5上）

又文宣帝紀天保元年……封魏帝為中山王……年……收擇二三百人。（同4上，北史五上）

又二年九月壬申，詔免諸伎作屯牧雜色役隸之徒為白戶。（同6上）

又三年春正月丙申，帝親討庫莫奚於代郡，大破之，獲雜畜十餘萬，分賚將士各有差。以奚口付山東為民。（同6上）

又廢帝紀乾明元年，詔諸元良口配沒宮內及賜人者並放免。（同7上）

北齊書孝昭帝紀：皇建元年八月，壬午，皇帝即位於晉陽宣德殿。……乙酉，詔……其官奴婢年六十已上，免為庶人。（六頁，北史七）

又，武成紀：天統四年十二月，景申，又詔掖庭、晉陽、中山宮人等，及鄴下、并州太官官口二處，其年六十已上，及有癃患者，仰所司簡放。（六頁，北史八頁）

又，清河王岳傳：為高歸彥所譖而死。後歸彥反，世祖知其前譖已。歸彥出外。彥為皇家，而歸彥點之。昌元晉閣。籍沒歸彥，以良賤百口歸岳家。（十三頁，北史）

又，綦昭傳：代郡平城人也。其所生童庶之出南也。祖父提……家僮千數，牛馬以谷量。性好周給，士多歸附之。（十五頁）

北齊書段榮傳子韶破梁將東方白額。顯祖嘉其功。詔賞吳口七十人。事並原節立。（卅六 北五四）北史傳在五十四，無賞吳口七十人語

又斛律金傳子光。與相府佐封士讓密啓云光……家藏弩甲。奴僮千數。（十七 北五四）

又孫騰傳初北境亂離。亡一女。及貴。遠加推訪。終不得。疑其為人婢賤。及為司徒。奴婢訴良者。不研虛實。率皆免之。願免千人。冀得其女。時高祖不察。左右有言之者。高祖大怒。解其司徒。（十八 北五四）

又莫多婁貸文傳汾州胡賊為寇竊。高祖親討焉。以貸文為先鋒。每有戰功。多賚奴婢三十人。……（十九北）

又高乾傳弟慎。魏中興初。除滄州刺史。東南道以豪者甚。大昌初。

盧光州刺史……時天下初定，豫撫以本鄉部曲數千人自隨。出為北豫州刺史。遂擁眾降西魏，撫光入關，周文帝深嘉焉。高祖破之於邙山，撫妻子將西渡，於路見禽。高祖以其勳家，赦撫一房配沒而已。（卅二 卅）

又李弼……乾第四弟也。李弼兄弟貴盛，並有勳於時。自領鄉曲千餘人，馬八百匹，甲仗器械皆備。於凡追捕賊盜，多致剋捷。

（卅一 壯）序論 兵制

又魏蘭根傳：孝昌初，轉岐州刺史。從行臺蕭寶夤討破宛川，俘其民為奴婢，以美女十人賞蘭根。蘭根辭曰：此縣界於強虜，皇威未接，無所適從，故成背叛。今當寬其罪，飢者食之。奈何將充

儒肄業。蓋以開其父業也。（卅三下）

北齊書崔㥄傳：爲陰徐州刺史。給廣宗部曲三百。清河部曲千人。（卅三下）北史

又王昕傳：帝顯皇臨漳令嵇曄。及舍人李文師。以曄賜薛豐洛。文師賜崔士順爲奴。（卅一上）

又陸法和傳：法和……入荊。…… ……奴婢二百人。……盡免之口。亦隨據焉。（卅二下）

又辛術傳：膠州刺史及所部郡守。俱犯大辟。朝廷以其奴婢百口及資財并賜術。三讓不免作。術乃爲請所司。不濫以竊。（卅八上）北史

北史齊本紀 世宗文襄皇帝遇盜而殂。初梁將蘭欽子京見虜。文
襄以配廚。欽求贖之。不許。京再訴。文襄使監廚蒼頭薛豐洛杖
之。曰。更訴當殺爾。京與其黨六人謀作亂。……（六）

川作

北史魏諸宗室傳：志，宣武時，除荆州刺史。遷轉。御史中尉王顯奏

志在州日，抑買良人爲婢。蕭寶陵供移會赦免。（卷十五七上）

又道武七王傳：孝昌元年，法僧殺行臺高諒，反於彭城。……大軍

將討，法僧奔梁。其虜及三千餘人戍彭城時，法僧皆印額爲奴，

逼將南度。（卷十六五上）

又景穆十二王傳：朗位司徒屬。天平中，爲奴所害。（卷[illegible]）

又獻文六王傳：北海王詳……爲高肇所譖云……與皓茹皓等謀

逆。……徙就太府寺，免爲庶人，別營坊館於洛陽縣東北隅，如

法禁衛，限以終身。名曰思善堂。將從詳居之。舍其家奴陰結黨

攀附勃興。……帝嘗令害之。（甲九〇上）

於是以播高付丑岑仲佐及翻之帝嗣位於江陵。……僧盛陳孜取之議。……朱粲。以僧之議。貴[illegible]揮二百口。（甲卅三下）

又至[illegible]付尚孤所帶官文忠臨淳令稷騰及舍人李文師。以騰財韓豐后文引翻蕃士順西也。（甲卅四下）

又廬陵付廬[illegible]高好評告傳及。文官的之。以好付贓。了不之責。（甲卅七上）

又高允付乾而慎。……歷任滄州刺史。東南道行臺尚書光祿刺史。……時天下初定。聽慎以本假部曲數千自隨。（甲卅八上）

又昂與侯景等同將[illegible]信於富[illegible]。與周文帝戰敗於芒陰。[illegible]之。是役也。昂使奴京兆侯西軍京兆於傳揮。猶取昂佩刀以行。昂執殺之。京兆尹。三度救之大急。何因以小事枉殺。其夜夢京兆以手撲己。寤而患。背折其二肋。時劉桃椿在晉陽。亦夢京兆言訴得理。將以付賊。桃椿知爲必死。還奔突。……節輕騎東走河陽城。……追兵至。伏於橋下。追者見其從奴。加以鞭捶。問爲所在。好示之。……追兵斬之以去。先是昌夢爲此好所殺。以告盧氏。將殺之。而誅。乃止。果及禍。……桃椿今在于鹿。四庫

北史崔仲方先提轉付孫!樓含爲陳營。時訓先稽本等附。指仲方擊之。……訓錢萬平。銅鈸押一百二十此。時隨文四二部

又仲方除持節詢?讀元年。……節從楊素將陳彦事。議依續。如人年六十以上免配官。時以統無年按五千餘。而梅六十。

以後常寶，求來以見其孫。吾始知歸老者彭城王湘東其弟。

竟遭除名。（四二頁）

北史崔挺傳：挺從子季舒為齊主所殺。家屬男女徙北邊。妻女

及子婦配奚官。……崔季舒、季舒等六人各以年幼被出。鄉南安

王昭將兵捕斛延邏無，以季舒等見害為稱，萬邑六人皆免。乃子

擢隨軍赴晉陽。事敗。[illegible]等並從戮。[illegible]長子季舒六人之妻。乃追

入宮。（六人：季舒、張雕、劉逖、封孝琰、裴澤、郭遵。）（四二頁）

乃挺孫崔宣踐附隨於馬城歲餘。好告還豫及鍾赴晉陽。剖驗

無實。（四二頁）

又李士謙（李孝貞）伯付閔置八年種樹……其妻范陽盧氏……請撫

里父老曰。參軍平生好施。今雖殞沒。安可忘其惠報。乃獻粟五百石。以贍窮乏。見段暉六十人。(四三之15)

北史段承根。見程駿傳。又慕容與難張大守。父幼。隨駿假廣平大守。段根年尚幼。為濮陽王氏奴。主使牧羊。段根以縣壹信人書字路邊。(圖)書地學之。長安鎮將楊瑾見之。呼問。知其姓名。乃告將祿之。使人贖之。養之。(四〇之上)

又宋繇傳子巖。遇與其父別居。叔父為收撫引精選。巖遁請令返。雪而殺之。(四〇之16)

又王慧龍傳子寶興。尚書盧遐妻。崔浩女也。初寶興母惜浩弟女。及遐妻俱孕。浩謂曰。汝等將來所生。皆我之自出。可指腹為親。……

及浩被誅。盧遐後妻。寶興從母也。緣坐沒官。寶興亦逃避。未幾得出。盧遐妻時官賜度斤鎮高車滑骨。寶興盡賣貨產。自出塞贖之以歸。(卅 21上)

北史鄭譯傳。鄭譯自以被疏。陰呼道士章醮。以祈福助。其婢奏譯厭蠱左道。〡〡譯又與母別居。為憲司所劾。由是除名。(卅五 14上)

又薛善傳。薛[illegible]善家素富。僮僕數百人。(卅六 8上)

又裴佗傳。子訥之。衛尉杜獬。被其家客誣云有怨言。誹訕時政。并稱訥之與獬交好。亦知之。坐免官。(卅八 2上)

又李崇傳。孝文初。為荊州刺史。邊戍掠得齊人。悉令還之。南人感德。仍送荊州口二百許人。兩境交和。無復烽燧之警。(卌三 1上)

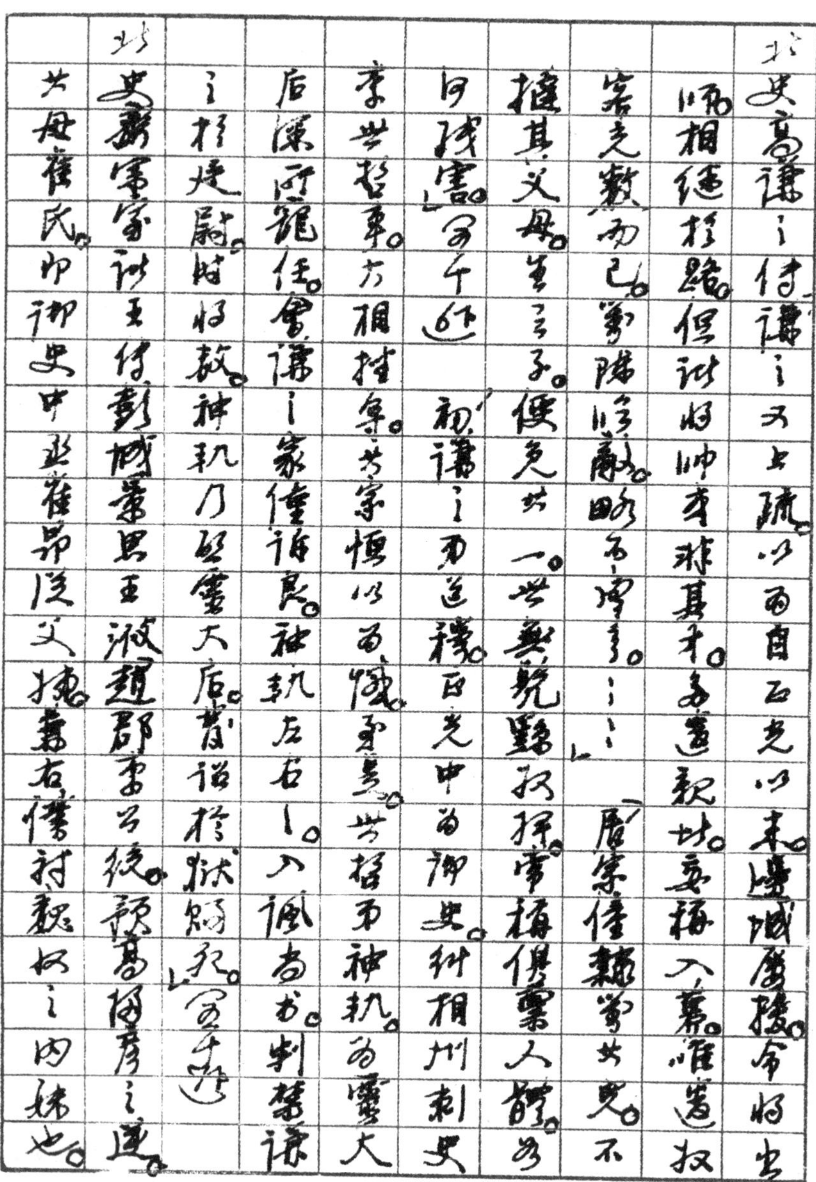

北史高謙之傳：謙之又上疏，以西自正光以來，邊城屢擾，命將出師，相繼於路，但諸將帥，或非其才，多遣親者，妄稱入募，唯遣奴客充數而已。對陣臨敵，略不彎弓。……

唐家僮隸，對其主，不擅其父母，並云子，便免其一。世無貌騎拜，常稱僕隸人皆爲何殘害。（下略）

初，謙之弟道穆，正光中爲御史，糾相州刺史李世哲事，大相挫辱。其家恒以爲憾。至是，世哲弟神軌爲靈太后深所寵任。會謙之家僮訴良，神軌左右之，入諷尚書，判禁謙之於廷尉。時將赦，神軌乃啓靈太后發詔於獄賜死。（下略）

北史齊宗室諸王傳：彭城景思王浟，趙郡李子繞顧高祖之遇。其母崔氏，即御史中丞崔昂從父姊，兼右僕射魏收之內妹也。

依令。年五六十。例免入役。舊控年除役。所司以爲故。雇遣獲免。

發擿發其事。昂等以罪除名。（[illegible]）

北史齊宗室諸王傳：安德王延宗，文襄第五子。……爲草人以像武成。鞭而訊之曰：何故殺我兄。奴告之。武成覆臥延宗於地。馬鞭撾之二百。幾死。（[illegible]）

又崔昭傳：祖父提，雄傑有識度。家僮千數，牛馬以谷量。性好周給。士多歸附之。[illegible]（[illegible]）

又房謨傳：弟因阿其叔探。謨多見救。神武以其生口。多縣而爲房字而付之。（[illegible]）

又王紘傳：其墓……而奴所害。（[illegible]）

北史侯莫陳崇傳子穎，周武帝時，從滕王逌擊龍泉文城叛胡。……是時稽胡數亂，輒略邊人爲奴婢。至是，詔胡有厭匿良人者誅。籍侵其黨子。有人言爲胡村所隱匿者，勣將誅之。穎與柱國豆盧勣分進說而穎曰：將在外，君命有所不受。此胡固非惡反，但相迫脅爲亂。今慰撫，自可不戰而定。如即誅之，轉相驚恐，爲難不細。未若召其渠帥，以隱匿者付之，令自歸首，則羣胡可安。勣從之。諸胡爭降附，北土以安。（宋本作北）

又竇熾傳子榮定，隋文帝受禪，來朝闕……部落八十戶（隴州總管）

一行

又史寧傳：時突厥木[illegible]（杆）可汗假道涼州，將襲吐谷渾。周文令寧率

騎隨之……及將稱帥求訐……憲寧如揮一百口（宋八上）
北史韋沖傳從大將軍元定度江伐陳。因陳人所虜。周武帝以
幣贖還之。帝後令沖以馬千匹使陳贖開府賀拔華等五十人及元
定之柩而還。（宋の上）
又韓擒傳大軍之拾出也。上敕有司曰。亡國物我一不以入府寺
擇起內殿五場。當出賜文武百官。大材以取之。及是上御玄覽。
大陳之之收擇貨頒。會王公。文武百官七品以上。事識領兵封請
以上。及諸考使以財之。（宋八上）
又元巖傳還……蜀王秀鎮益州……帝謂曰……唐獨科完……
之蜀王好奢。嘗欲取獠口以為閹人。又欲生剖死囚。取膽為藥。巖

晉書華廙。（七五上）

北史來護兒傳：平高智慧，詔——奴婢百人。（七六下）破楊玄感，詔……奴婢百人。（上）

又外國傳流求國：……因虜人子女為奴婢。有客名……為奴。

有子女數人，賜為奴婢。（七八上）

又文苑傳温子昇：元瑾、劉思逸、荀濟等作亂，文襄疑子昇知其謀……餓死晉陽獄……没其家口。（八三上）

又藝術傳魏寧：……而鄭。——鄭探拎容儀，被服僭度，言音類帝。后有無間其妻，莫不雜糅。帝嘗而愚之。並陷其家，及告崇讒毀。招引挑興，及興竄平陽。帝以好言為寮，執崇兄弟，並賜死。（八九上）

北史藝術傳陸法和……入言……引見……問……拜二百
人……（卷八九）
寇讚傳趙篡……可以事神之靈驗也。遂以廿年請隱出入大
寂猶給掃灑奔走之役。神令其神子遊處人間，東常謂神廿時
託之以自通。（卷二七）
又蠕蠕傳……為突厥所破。以西魏恭帝二年……率部千餘
家奔關中。突厥……使驛相繼。請盡殺以甘心。周文議許之。遂
收縛蠕蠕主已下三千餘人。付突厥使。於青門外斬之。中男以
下免。並配王公家。（卷九八）
又徒何段就六眷傳。其伯祖日陸眷。因亂被賣為漁陽烏丸大

庫學官宗叔。謂古人集會出於。皆材樂舞。唯庫學古樂舞。乃學
日陸養呂中。（見九八札）
私奴。謂私所畜養而給使令之奴。非以罪沒者也。通鑑晉之京 慮武之注（見十札）
宋子之閻羅隨私屬以至揮僕事。呼六書為古 通鑑宋順帝昇明之事注（見研札）
今世俗多呼其主為郎。又呼其主之子為郎人。元九經札 通鑑晉紀…大
免奴為客。通鑑晉安帝隆安三年元顯發東土諸郡免奴為客
者號曰樂屬。移置京師以充兵役。諸奴戶者有罪沒為官奴者
卿以下至九品官及宗室國賓先賢之後及士人子孫蔭以
為家戶。是謂免奴為客。（見廿札）

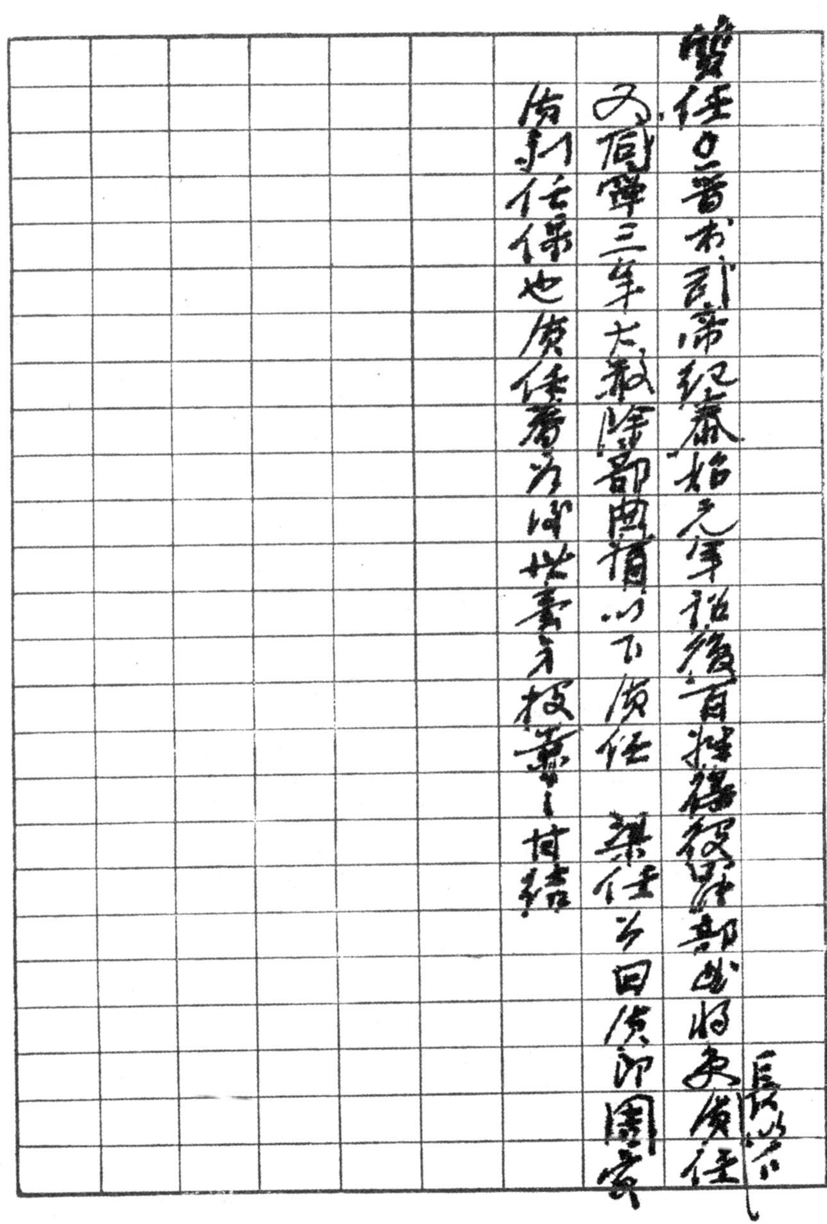

明制庶民之家不許蓄奴婢立法甚嚴然萬曆十四年以異時來之奏縉紳之家又異於庶民矣見續通考十四

清免奴○雍正元年山西等省樂户　紹興惰民　五年徽州伴儅寧國世僕　有兩姓丁户村莊相等而此姓為彼姓執役如奴僕者　五年蘇州常熟昭文丐户　乾隆三十六年廣東蜑户浙江九姓漁户及各省凡有似此者悉令查照雍正元年山陝樂户成案辦理令其改業為良　見清通考　清代通史上714

除樂户丐户籍及女樂考　癸巳類稿十二

清代階級二　吾學録　倡優類卒又二十6　主奴婚又二十8　良賤相毆

律吾學錄罵詈卅三犯姦廿の
律卅三 11 18 12

發滿洲拔甲人為奴　發回城給大小伯克及力能管束之回子

為奴

滿人停俸人為奴
實偵一卷六錢滿族未入
關鄭經得生活38頁以下

滿洲犯人寄籍卅
判 葉五8

執律全册奴隸關于予分訓條

會典十一 户部

四民為良奴僕及倡優隸卒為賤山西陝西之樂户江南之丐户浙江之惰民皆於雍正元年七年八年先後豁除賤籍如報告改業以後越四世親友無習賤業者即准其應考出仕廣東之蜑户浙江之九姓漁户皆照此例凡衙門應役之人除庫丁斗級民壯仍列於齊民其皂隸馬快步快小馬禁卒門子弓兵仵作糧差及巡捕營番役皆為賤役長隨亦與奴僕同其奴僕經本主放出為民者令報明地方官咨部覆准入籍其入籍後所生之子孫准與平民應考出仕但京官不得至京堂外官不得至三品

階級

門生　義士（山奉邑）

北齊隂濟州注「所謂、北平城、、、城東南有一碑，文字仍無驗，推碑背故吏姓名尚存，熹平元年義士門生沛國蕭劉定興等」

趙云隸辨引此文作義士，案義士猶今云信士，宋趙太宗諱改義為信，至今因之

階級（奴俾）

奴婢二期。初取家長形式家長奴婢同勞動　從古托驅至田
那個之形時在一切工業部門皆占重要雖與有手工業工場
羅馬有農場而商業上及家庭中亦用之
何謂農場曰不分為農場分為小塊佃農奴矣

階級

階級與身分○階級者在生產上擔同一任務於生產過程中營共以外之人並據同一關係上之人之總稱也　身分者法律的社會秩序下依其同地位相結合之人也　如大地主有階級貴族則身分　貴族是貴者　其身分自在

資本主義與大地主○資本主義與大地主建業於資本家形態或因貴族而獨存

階級何從生○元始共產社會無階級也階級何從生　或曰由於力大之人或為人所欽服也或以才分業時任重要職務也或曰由耕牧而起源也　諸說未然　實際勞動者無暇顧及社會上公共事務而委之于人遂以專司其事者　如掌

此利其本須有權力　即內部利害關係複雜而衝突愈烈　其權愈大　(一)侵略其族(二)若干支配其互相結　政治法律等之事則由此時也　人人皆自由時間參與社會一般事務則階級消滅矣　今日非消滅階級　而是城市與鄉村之對立與腦體勞動精神勞動之別

階級鬥爭與階級對立　非了是對立即是鬪爭　為一階級在動上與他階級相對立始有之

資本主義與階級　資本主義使階級對立單純化與尖銳化　故其時之國家為強立　但軍事機關等發展在無產階級他於不同其而共相等者制也　為高度組織化

階級

大工場與無產階級。只有大工場能將無產者訓練成為階級且使其成為社會主義之建設者

工人貴族。以改良主義灌輸協調主義於工人

小資產階級。挾其知識時間均為社會運動先驅但止能達政治主義之極限不能達革命主義

民族運動時小資產階級恒於黨主政治的自覺此亦須加以援助何也 以弱小民族任何反抗運動皆足使資本主義崩壞也

如甘地運動當後其效果

地主可隨階級乎。無產業之生產手段土地也資本也 土地屬地

主資本家資本家勞動甚無所得焉 土地非資本也何也土地非勞動生產物無價值 土地所可為人獨占之自然物耳 地主據此獨占權分得資本家之利益 此營業資本主義之國也 土地亦一生產手段為所獨占故亦為一階級 其餘落後地則封建的生產方法猶有存其方地主以小農為農奴所以榨取焉

資本主義農業農村將貸借經營化 佃農為直接商品生產者 工銀勞動 農民積分為富農與貧農 現物地租化為貨幣地租

再農民則(1)非土地為農民所有(2)即成資本家之佃農 資本家一佃農為本家農業從事大規模農業其於地主對乃資本

主義之地相也

資產階級布爾喬亞勞動階級普羅列塔利亞。一方獨占生產手段土地亦生產手段地主獨占之他方則無所生產者必商品故亦爲一階級

資產階級爲保守。以其利於維持現社會之秩序

勞動階級之形成。以資本主義造成大衆共同地位大家作鬬爭

中間相結合乃形成一個階級 其所關聯即成階級利益

農民其資產階級與無產階級歟。中國現狀大地主而兼建明

擁取其土地其爲之業立而以地主中農勞動於其間 農民

實少所以其以小資產階級性質其所處之境與近代大工場

大經營異故不肯全反對資本主義資產階級在土地問題上

議步共點結即論之

農民之分化。資本主義發展農民分資產階級性質與無產階級性質

不生產階級。此資本主義之所生也　封建社會寄生集團與支配階級一致　資本主義之分別與非階級的寄生集團(一)官僚(二)常備軍(三)僧侶(四)教師

過渡階級。舊社會之遺遺(一)手工業者(二)農民(三)小商　其特質基礎之為小私有權及資本主義之發展方地並大資本家　然不肯廢除私產　將以國家為超階級的國民之間本無矛盾者為主以階級協調代階級鬥爭　此階級方迅速沒落故亦易橫械

無產階級然亦徵識革命則倒反之矣　故此階級財富動搖
資產階級與無產階級之自然也　為入法西斯
知識階級○技師專門家醫生教授律師新聞記者教員文學家
思想家此為技術的頭腦勞動者　又有一般的頭腦勞動者　德
兩言之為受教育之人之集團
第千專制主義者宗及勞然世稱質的利害使其與專制主義
新資產階級相結合而為其節要擁
此為近代資本主義所造出之一龐大之不生產階級中之主要
部分
常居指揮、監督籌慮之業　然仍與近代大工場生產無關係（二）

極權追隨從屬于資本家　但其下層職業合于無產階級指等耳　蓋其統一性因於人地位不同而有破壞性動不定之知識階級之動揺。勞動階級不能自發社會民主之義　其社會民主之義若強使自外部注入　勞動階級只能達到產業組合主義[作結成勞動組合等類主]鬥爭和政治附從於少數　社會主義之理論乃從哲學歷史經濟中生長起來的與樹形為資產[屬于]階級之知識階級也　故社會主義與階級鬥爭乃各自出現　非以此生彼　亦非以彼生此　此主義係入下層階級中知識程度最高之人乃引入階級鬥爭中

階級

階級與階級意識。階級指在某種社會之生產過程中有一定使命之一切人羣的個體而言（在此意義上階級為一種經濟的範疇）階級意識指其對于自身之利害關係之自覺而言之 非個別的而是集體的非部分的而普遍的 其普遍性深入階級構成之每個分子（之意識）判斷達

團體之利己心為階級全體普遍的永續的共同利害意識所克服而須相當時日

階級之造成。大工業使彼此不相識之人集居一處

其抵抗主人維持工錢之目的同 此共同利益使之互相結合 于是團結工人與工人之競爭與資本家競爭 乃資本家

〻法令條件不斷遂覺維持社會秩序之維持更為重要

此階級之所以產生與共通地位共通利害者也

是時也此羣人與其所從出之社會一個階級然後為來成為階

級也此階級之二三次階級鬭爭於此為其結果乃自己形成一

個階級

於是階級之中常之利害為階級利益

而此階級與階級之鬭爭即成政治鬭爭矣 工人階級鬭爭階

級鬭爭之全幅階級鬭爭必為鬭爭不但限於地域上且利害更于擇經濟鬭爭時不

保其一定之一類對非生產階級之部也且非經濟利益之鬭爭

也 而不限于(一)地方 生產階級全體的勞動生產階級全體

的(二)集體的(三)時的

之生產者勞動生產階級而對於會僅且謝集中結果之特殊勞力量

加大等於自己的力量自覺出全階
級為了抹去各種勞動的差別
因此勞動階級的利害關係生活狀況趨於一致
工資又幾乎到處降到同樣低的水平
勞動者精結而進○其實真通構要[illegible]的創出世界勞動者
乃結而相接觸也　集合同性質之地方來聯[illegible][illegible]合全國之爭[illegible]

階級

知識階級

列寧云勞動階級以其自力僅能達到組織工會之意識與企業家爭執政府而已　社會主義學説乃由知識階級所研究之哲學史學經說學理得學說本從中產生　馬克思恩格斯亦知識階級中人政治的階級意識勞動者必得自外的輸納者到工人自身中去——為使勞動者得政治知識　既本末之階級猶如小資產階級　俄國自有亦附屬主體之資產階級之一部分

王族不育女○廣東南海傳來諺實有諺民無論男女全部謂莫賣

〻貴族不育女自以種高不可以嫁人

苗族之分演變○日益之社會層不復構成階級

漢子○老學庵筆記今人呼丈夫曰漢子蓋始于五胡亂華時

羅馬奴隸○千三四百萬自由民六七百萬而已

元制蒙古色目人隨便居住　陔餘叢考十八　廿二史劄記三十　蒙古色目人与內地人聯姻　蒙古色目人用漢姓名　漢人士官用蒙古色目姓名　陔餘叢考十八

陶復

、陶漢郡守蕃士千緣

水擇渠水注 9930 4140

階級

晉書苻堅載記：時商人趙掇、丁妃、鄒瓮等，皆家累千金，車服之盛，擬則王侯。堅之諸公，競引之爲國二卿。黄門侍郎程憲言於堅，……堅於是推檢引掇等爲國卿者，降其爵。乃下制：非命士以上，不得乘車馬於都城百里之内。金銀錦繡，工商皂隸婦女，不得服之。犯者棄市。己録

又慕容跋載記：初慕容寶之敗也，工人李訓竊貨而逃，貲至巨萬。行貨於吕婆樓，婆樓言之於跋，跋以爲方略令。既敗而奔走之士，皆之於新下碑。馮素弗言之於跋……婆樓勸其執李訓。李訓小人，何尊賴士。可東市斬之。己録 8上

階級

晉书石苞傳：孫鑠。……河内懷人也。少樂爲縣吏。太守吳奮轉以爲主簿。鑠自微賤登綱紀。時僚大姓不與鑠同坐。奮大怒。遂薦鑠爲司隸都官從事。（四二上）

又張華傳：聲譽益盛。有台輔之望焉。而荀勖自以大族。恃帝恩深。憎疾之。每伺間隙。欲出華外鎮。（四六下）賈謐與后共謀。以華庶族儒雅。有籌略。進無逼上之嫌。退爲衆望所依。欲倚以朝綱。訪以政事。（四七上）

又劉頌傳：廣陵人。漢廣陵厲王胥之後也。世爲名族。同郡有雷蔣穀魯四姓。皆出其下。時人爲之語曰。雷蔣穀魯。劉最爲祖。（四[illegible]上）

陸機兄弟因吾彥微賤為陸抗所拔答詔不言抗善毀之 晉書吾彥傳(五七上)

參觀周處傳可見吳人與北人之不相容(五八)又周處傳(五八下)

晉書張輔傳。初補藍田令。不為豪彊所屈。時彊弩將軍龐宗。西州大姓。護軍趙浚。宗婦族也。故僮僕放縱。為百姓所患。輔繩之。殺其二奴。又奪宗田二百餘頃以給貧戶。一縣稱之。轉山陽令。大尉陳準家僮亦暴橫。輔復擊殺之。(六十上)

又郗鑒傳。及京師不守。寇難鋒起。鑒遂陷於陳午賊中。邑人張寔先求交於鑒。鑒不許。至是。寔於午營來省鑒疾。既而卿鑒。鑒謂寔曰。相與邦壤。義不及通。何可怙亂至此邪。寔大慚而退。(六七上)

高平金鄉人

晉書劉隗傳：出為彭城太守。轉以勝疾。隨就家拜御史。郡人莫鴻南土豪族。因亂殺本縣令。橫恣無道。百姓患之。隗誅鴻及諸豪右。境內肅然。（卷六九）

又習鑿齒傳：襄陽人也。宗族富盛。世為鄉豪。（卷八二）

又楊佺期傳：弘農華陰人。漢太尉震之後也。……佺期沈勇果勁。而兄廣及弟思平等皆強獷麤暴。自云門戶承籍。江表莫比。有以其門第比王珣者。猶恚恨。而時人以其晚過江。婚宦失類。每排抑之。恒慷慨切齒。欲因事際。以逞其志。（卷八四）

又（忠義）麴允傳：金城人也。與游氏世為豪族。西州為之語曰：麴與游。牛羊不數頭。南開朱門。北望青樓。（卷八九）

[illegible]

晉書忠義傳易雄：仕郡爲主簿。張昌之亂也，執太守萬嗣，將斬之。雄與賊爭論曲直。賊怒，叱使牽雄斬之。雄趨出自若。賊又呼問，雄對如初。如此者三。賊乃舍雄。嗣由是獲免。雄遂知名。舉孝廉，爲州主簿，遷別駕。自以門寒，不宜久處上綱，謝職還家。（八九）

上雄長沙瀏陽人。

又良吏傳魯芝：扶風郿人也。世有名德，爲西州豪族。（九十上）

又王宏，太康中，代劉毅爲司隸校尉。於是檢察士庶，使車服異制。庶人不得衣紫絳及綺繡錦繢。帝常遣左右微行，觀察風俗。宏緣此，復遣吏科檢婦人衵服，至褰發於路。論者以爲暮年謬妄。由是獲譏於世。（九十下）

晋书列女传：王浑妻钟氏，字琰，颍川人，魏太傅繇曾孙也。……浑弟湛妻郝氏亦有德行。琰虽贵门，与郝雅相亲重。郝不以贱下琰，琰不以贵陵郝。时人称钟夫人之礼，郝夫人之法云。见六卷四

又周顗母李氏，字络秀，汝南人也。

少时在家。浚为安东将军时，尝出猎，遇雨，过止络秀之家。会其父兄不在，络秀闻浚至，与一婢於内宰猪羊，具数十人之馔，甚精办，而不闻人声。浚怪使觇之，独见一女子，甚美。浚因求为妾。其父兄不许，络秀曰：门户殄瘁，何惜一女！若连姻贵族，将来庶有大益矣。父兄许之。遂生顗及嵩、谟。而顗等既长，络秀谓之曰：我屈节为汝家作妾，门户

計取何不與我宗爲配之故。至六朝譜録學。鄭等隆常。由此學氏遂以爲分種之族。迄六朝。其數十人之族無非一女一擇姓譜可見。其家譜傳者務爲官人也。

晋書桓玄傳。初玄在荆州豪縱。士庶憚之。甚於州牧。仲堪親黨勸殺之。仲堪不聽。及還尋陽。資其聲地。故推爲盟主。玄逾自矜重。佺期爲人驕悍。常自謂承藉華胄。江表莫比。而玄每以寒士裁之。佺期甚憾。（九九卌）

又石季龍載記。鎮遠王擢表雍秦二州望族。自東徙已來。遂在戍役之例。既衣冠華胄。宜蒙優免。從之。自是皇甫胡梁韋杜牛辛等十有七姓。蠲其兵貫。一同舊族。隨才銓敘。思欲分還桑梓者

臨江、吉安、峽江等，亦同為例。（元典 47下）

又書蒙古實載記，舉選金銀為戶口，陞諸軍營分與郡縣，官上族舊籍，皆安居住，而法峻路嚴，上下雜揉，百姓異亂，十家而九亂。（[illegible]）

晉代南北意見。祖逖以戴若思以吳人，殊不樂。晉書逖傳（六二 8下）

元帝鎮建康，吳人不附，顧王導引顧榮、賀循見。導傳（六五上）又勸顧榮、賀循及紀瞻、周玘（下）其玘從為敏所殺，見處傳

陳敏引據江東，欲榮不助周玘，從之，後大興國耳，見榮傳（六八四下）

元帝以僑中諸北士，異用南人，見陸曄傳，並譚不能不省五上）

王導請婚（七七上）顧和雜族王獻之不足道之儒（四十上）

陶侃（鄱陽）傳：初以遠人不著，揚（?）孫秀以亡國支庶，府望不顯，中華人士恥為掾屬，乃以侃為舍人。楊晫以侃州里，與同乘見顧榮，吳人豫共為小人共載。（見上頁）

趙至

趙至欲脫士伍。見晉書文苑傳（九二頁上）

宋書武帝紀：義熙七年，詔：自中興以來，治綱大弛，權門并兼，強弱相凌，百姓流離，不保其產業。桓玄頗欲釐改，竟不能行。公既作輔，大示軌則，豪強肅然，遠近知禁。至是，會稽餘姚虞亮復藏匿亡命千餘人，公誅亮，免會稽內史司馬休之。（二上）

十一年，休之上表自陳曰：……大司馬臣德文……自以地卑位重，荷恩尤大，乃以庶孽與德文嫡婚，致茲非偶，實由威逼。（二上）

宋書后妃傳 文帝路淑媛 生孝武帝……弟子……瓊之，宅與太常王僧達門並。嘗盛車服衛從造僧達。僧達……不為之禮。瓊之以訴太后。太后大怒。告上曰：我尚在而人皆陵我家。死後乞食矣。欲罪僧達。上曰：瓊之年少，自不宜輕造詣。王僧達貴公子，豈可以此事加罪。

又劉穆之傳……時晉綱寬弛，威禁不行。盛族豪右負勢陵縱。小民窮蹙，自立無所。重以司馬元顯政令違舛。桓玄科條繁密。穆之斟酌時宜，隨方矯正。不盈旬日，風俗頓改。（南史）

謚穆之曰文宣公。史臣曰：晉綱弛紊，其漸有由。孝武守文於上，化不及下。道子昏德居宗，憲章墜矣。重之以國寶啟亂，加之以先歿。嗣處而祖宗之遺典。庫以之舊章。莫不叢散淪落。掃地盡矣。王國不能自通其行。國典人材。綱紀寡弱。編戶之命。竊於盲家門。王府之籍。變為私藏。由是禍基東岐。禍結天下。蕩蕩之世重道。不德番若經。高祖一統創業。事屬撥亂。改統弃命平道。尊至宰臣之翰。定於馬棲之首。國令一統。内外從禁。以建武郎平之風。變大元隆武之俗。與蓋文宣公之為也。為一代宗臣。耻鬱清廟。宣信然哉。

宋書張邵傳：子敷。中書舍人狄當、周赳並管要務。以敷同省名家。欲詣之。赳曰。彼若不相容接。不如勿往。當曰。吾等並已員外郎矣。何憂不得共坐。敷先設二牀。去壁三四尺。二客就席。敷呼左訓接甚歡既而

在日。移我遠客。趙等失色而去。其自標遇如此。（同上二五正）南史卅二正 299

宋書袁湛傳。弟豹。高祖遣益州刺史朱齡石伐蜀。使豹為檄文曰。

……蕞爾譙縱。編戶黔首。（宋五二5下）

又褚叔度傳。諸尚公主者。並用世冑。不必皆有才能。（宋二五上）

又庾悅王誕謝景仁袁湛褚叔度傳。史臣曰。高祖雖累葉江南。楚

言未變。雅道風流。無聞焉爾。凡此諸子。並前代名家。莫不登歷

清職。負羈先路。將由庇民之道邪。（宋五二8上）

又謝方明傳。子惠初之年。出為南郡陽。其有辭名。除會稽太守。江夏

曰。毅瀟灑。風俗陵夷。強弱相陵。……（宋三下）南史九正

又蔡興宗傳。……大將軍蔡及法興等。出興宗為吳郡太守。固辭

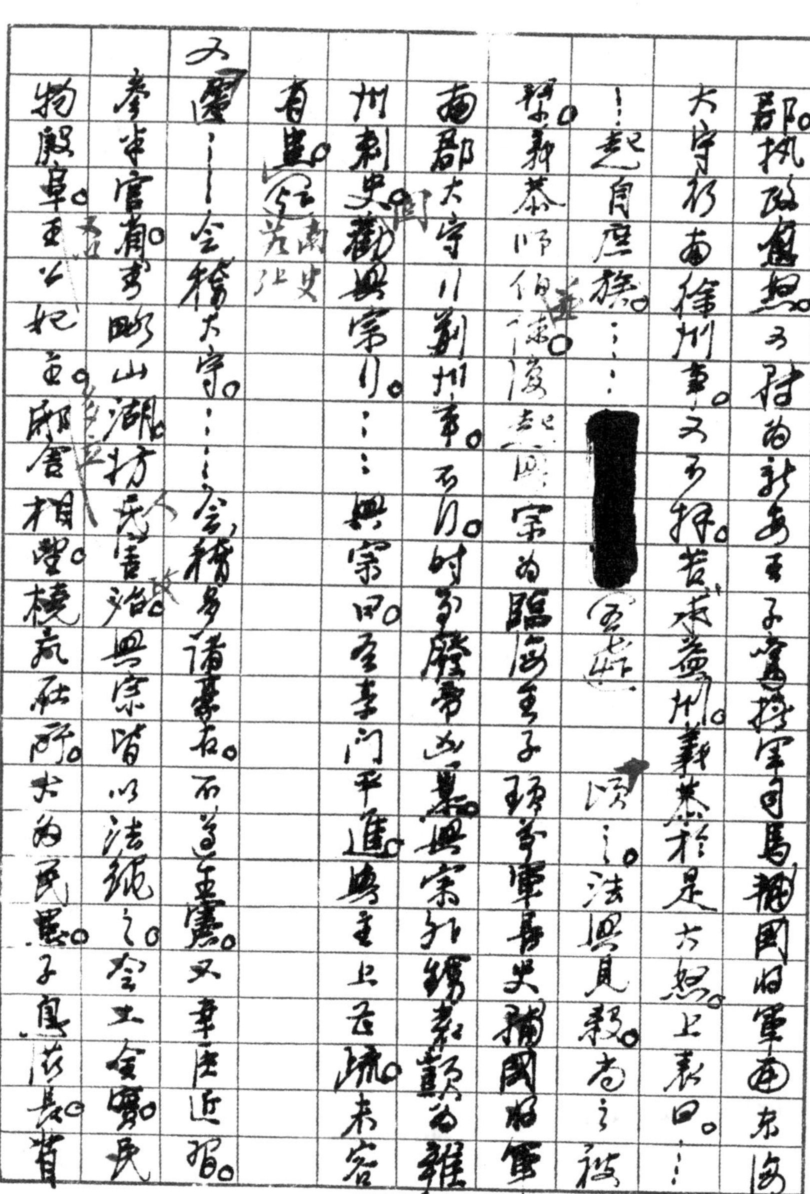

郡。執政盡興，乃以為新安王子鸞撫軍司馬、輔國將軍、南東海太守，行南徐州事。又不拜。若義恭於是大怒，上表曰……

……起自歷陽…… [illegible]（宋書）陵之。法興見殺。尚之被黜。新蔡、師伯、陳……復起興宗為臨海王子頊前軍長史、輔國將軍、南郡太守，行荊州事。不行。時前廢帝凶暴，興宗外甥袁顗為雍州刺史，勸興宗行。……興宗曰：吾素門平進，與主上甚疏，未容有患。（南史注）

又，遷……會稽太守。……會稽多諸豪右，不遵王憲。又幸臣近習，參半宮省，封略山湖，妨民害治。興宗皆以法繩之。會土全實，民物殷阜。王公妃主，邸舍相望。橈亂在所，大為民患。子息滋長，皆

責無寧無宗焉。[illegible]寧有。又陳原試適免。錄書雜役，並見後。（見七二）　啟　一之第

昭帝時

宋書荀伯子傳：伯子常自矜蔭藉之美。謂弘曰：天下膏粱，唯使君與下官耳。宣明之徒，不足數也。（王弘　六十六）

宋書沈演之傳：父叔任。……朱齡石伐蜀。為齡石建威府司馬，加建威將軍。平蜀之功，亞於元帥。即本號為西夷校尉、巴西梓潼二郡太守。戍涪城。東軍既反。二郡譙宗侯勤難與羣從作亂。西[illegible]錄[illegible]萬餘人。（見三頁）

太宰參軍中。為太子右衛率。加給事中。時將北討，使叔任還鄉里募人。多受貨賄。上怒。下詔曰：……自恃吳興土豪。比門義故，脅說士庶，告索無已。又輒聽義將，委役

還私。託注病狀，有數百閒控門生義發財貨，少者數萬，多者

千金。考計臧物二百餘萬（六三上）

又：勃弟統。大明中為著作佐郎。先是，五官所給幹僮，不得雜役。

太祖世坐以免官者，前後百人。統輕役過差。有司奏免，世祖詔

曰：自頃幹僮，多不祗給。主可量聽行杖。得行幹杖，自此始也（六三上）

宋書杜驥傳：高祖預。……曾祖耽，避難河西，因仕張氏。苻堅平涼

州，父祖始還關中。兄坦……高祖征長安，席卷隨從南還……

晚渡北人，朝廷常以傖荒遇之，雖復人才可施，每為清塗所隔。

坦以此慨然。嘗與太祖言及史籍。上曰：金日磾忠孝淳深，漢朝

莫及。恨今世無復此輩人。坦曰：日磾之美，誠如聖詔。假使生

乎今世。養馬不暇。豈辦見知。上變色曰。卿何量朝廷之薄也。坦曰。請以臣言之。臣本中華高族。亡曾祖晉氏喪亂。播遷涼土。世葉相承。不殞其舊。直以南度不早。便以荒傖賜隔。日磾胡人。身為牧圉。便超入內侍。齒列名賢。聖朝雖復拔才。臣恐未必能也。上嘿然。卷六五（南史卷27下）

宋書柳元景傳：二十七年。元嘉八月。■……加元景建威將軍。總統羣帥。後軍外兵參軍龐季明年已七十三。秦之冠族。羌人多附之。求入長安。招懷關陝。乃自貲谷入盧氏。盧氏〻〻人趙難納之。難豪強閭。先有內附意。故委季明投之。（卷七七）

宋書沈懷文傳：上（孝武帝）又壞諸郡士族。以充將吏。並不服役。至悉

逃亡。加以嚴罰。不能禁。乃改用軍法。得便斬之。莫不奔竄山湖。聚為盜賊。（八二上）

宋書宗越傳：本河南人。晉亂。徙南陽宛縣。又土斷屬葉。本為南陽次門。安北將軍趙倫之鎮襄陽。襄陽多雜姓。倫之使長史范覬之條次氏族。辨其高卑。覬之點越為役門。……元嘉二十四年。啟太祖文帝求復次門。移戶屬冠軍縣。許之。（八三上）

又黄回傳：竟陵郡軍人也。……臧質討元凶。回隨從有功。免軍戶。（八三上）

又鄧琬傳：出為晉安王子勛鎮軍長史、尋陽內史。行江州事。前廢帝……遣使齎藥賜子勛死。……琬曰。身南土寒士。蒙先帝殊

思。以嘗于兄託，宜以借問之百口。共當以知招誘。……（以下略）

又袁顗傳曰：顗至襄陽，喜曰：今始免矣。與鄧琬款洽，相過常請閒，必

盡日窮夜。顗與琬人地本殊，見者知其有異志矣。既至尋陽。……

（以下略）

宋書殷琰傳：會晉安王子勛反，即以琰督豫司二州南豫州之梁

郡諸軍事，建威將軍，豫州刺史。……琰家累在京邑，意欲奉順。

……琰素無部曲，門義不過數人，無以自立，受制於杜叔寶。叔寶

〔軍參軍〕杜叔寶……叔寶者，杜坦之子。既土豪鄉望，內外諸軍事並專

（以下略）

又薛安都傳：從弟道生，亦以軍功為大司馬參軍。犯罪，為秣陵令

廣微、、所親、每歸去、細乃乘馬、從數十人、今左右扶持、欲往數撫之。門至朱雀航、臨柳之景、、……給……今下馬入車……

……閒書儀、、曰。卿從京師來、言論與宜細不異、雖後人士、廣微、、亦自由任然。（八八下）

宋書孝義傳、郭世道子原平、會稽貴重望計及望孝、盛族出身、不減秘著。太宗泰始七年、興宗到郡、山陰孔仲智長子爲望計、原平次息爲望孝。仲智會土高門、原平一邦至行、以相敵。會太宗别勅用人、故二選並寢。（九一下）

又吳逵、太守王韶之擢補功曹史、逵以門寒固辭不受、舉爲孝廉。（九一下）

新刊

書高帝紀：漢相國蕭何二十の世孫也（注）又以蕭望之為何

七之孫，漢書蕭望之傳并無其語，而自何至皇考二十三世諸爾

自信家譜而方謝詔曰：至本有叔孫族。今不知也。（二十四世）可知其

出系之誣

又齊帝紀：帝詔書有云才。朕法無所借。朕御覲幸。臣下當清。臨使

官人。不得用の帽織。（以下略）

又南齊傳紀等之の學中。鼓聲の出。帆戰樓路。百姓喧走相隨。士

庶莫辨。（七上了）南史月陽五志。被驅急。擒相步走。推將二門出自

向隨藏來。雇航。南五都下播中。收方內湖濤西路

又州郡志：南兗州建興の年。揚隸此諸遇處。以東境係兗二州。

鎮廣陵。其將武業江南。然立鎮自此始也。時百姓曹離。流移此

●僑流民。多庇大姓以為客。元帝大興四年。詔以流民失籍。使條名上有司。為給客制度。而江北荒殘。不可檢實。（十四之七上）

齊書褚淵傳史臣曰。……自金張世族。袁楊鼎貴。委質服義。皆由漢氏。膏腴見重。事起於斯。魏氏君臨。年祚短促。服褐前代。宦成後朝。晉氏登庸。與之從事。名雖魏臣。實為晉有。故主位雖改。臣任如初。自是世祿之盛。習為舊準。羽儀所隆。人懷羨慕。君臣之節。徒致虛名。貴仕素資。皆由門慶。平流進取。坐至公卿。則知殉國之感無因。保家之念宜切。市朝亟革。寵貴方來。陵闕雖殊。顧眄如一。中門初指。未有其正。褚淵當泰始初運。清塗已顯。數年之間。不患無位。既以民望而見引。亦隨民望而去之。夫爵祿既

擬有國常選。恩非己獨。責人以死。然將人並之所同深。世情之

習）卷七〇（冊三 6頁）

齊書張瓌傳：吳郡吳人也……昇明元年。劉秉有異圖。弟遐爲吳

郡。潛相影響。因沈攸之事起。聚衆三千人。治攻具。太祖密……

令瓌取遐。訓汝世有豪氣。瓌宅中常有父時舊部曲數百。遐召

瓌。瓌僞受旨。與叔恕領兵十八人入郡。與防郡隊主彊學收軍郭

羅雲進中齋取遐。遐踰窗而走。瓌部曲顧慶子手斬之。郡內莫

敢動者。獻遐。太祖以告領軍陳沖。沖曰。瓌以百口一擲。出手得

盧矣。（冊四 [illegible]頁）

又垣崇祖傳：下邳人也。族姓豪強。石虎世。自略陽徙之於鄴……

可立不世之勳，退可絕其窺窬之意，帝許之。崇祖將數百人入虜界七百里。據南城，固蒙山，擾動郡縣。（廿五下）

齊書陳顯達傳：顯達謙厚有智計。自以人微位重，每遷官，常有愧懼之色。有子十餘人，誡之曰：我本志不及此，汝等勿以富貴陵人。……顯達謂其子曰：麈尾扇是王謝家物，汝不須捉此自隨。

（廿六上）

又劉懷珍傳：孝建初，為義恭大司馬參軍、直閤將軍。懷珍北州舊姓，門附殷積，啟上門生千人充宿衛。孝武大驚，召取青冀豪家私附，得數千人。土人怨之。（廿七上）「拜……樂陵河間二郡太守。……竟陵王誕反，郡吏民王彌勸懷珍應之，懷珍殺彌以聞。（上）

齊書劉懷珍傳子靈哲。摘母崔氏及兄子景煥。泰始中沒虜……

靈哲傾私產贖……虜不能得。世祖哀之。令北使者請虜主。

人送以還南。（卅七 [illegible]）南史九[illegible]

又書安民傳。宋泰始以來。內外頻有賊寇。將帥已下。各募部曲。屯

聚京師。安民上表陳之。以為自非淮北常備。其外餘軍。悉皆輸

遣。若親近宜立隨身者。聽限人數。上納之。故詔斷眾募。（卅七 廿上）

又王玄載傳。同族玄文。和……宗和中。為鄱陽王[illegible]征北府主簿。

累在彭城。本虜部曲皆散。各和將送之累上。（卅七 6上）

又江謐傳。建之……三年。為左民尚書。……詔敕曰。江謐寒士。誅

賞之日。[illegible]等華儀。然甚有才幹。堪為委遇。可遷掌吏部。（卅一）南史卅六 8上

南齊王僧虔傳[復為御史中丞。]甲族由來多不居憲臺。王氏分枝居烏衣者，位官微減。僧虔為此官，乃曰：此是烏衣諸郎坐處，我亦可試為耳。（卅三下）

又徙為會稽太守。……中書舍人阮佃夫家在會稽，請假東歸。客勸僧虔以佃夫要倖，宜加禮接。僧虔曰：我立身有素，豈能曲意此輩。彼若見惡，當拂衣去耳。佃夫言於宋明帝，使御史中丞孫夐奏僧虔前蒞吳興，多有謬命。……又聽民何係先等一百十家為舊門。委州檢削，坐免官。（卅三下）

又張緒傳太祖……欲用緒為右僕射，以問王儉。儉曰：南士由來少居此職。褚淵在座，啟上曰：儉年少，或不盡憶。江左用陸玩、顧和，皆南人也。儉曰：晉氏衰政，不可以為準則。上乃止。（卅三上）

又齊書劉祥傳：褚淵入朝。以腰扇鄣日。祥從側過。曰：作如此舉止。羞面見人。扇障何益。淵曰：寒士不遜。祥曰：不能殺袁劉。安得免寒士。（卅六）（南史十五）

又蕭景先傳：遺言曰：……三處田，勤作自足供衣食。力少，更隨宜買粗猥奴婢充使。不須餘營生。周旋部曲還都，理應分張。其久舊勞勤者，應料理，隨宜啟聞乞恩。（卅八）

又武十七王傳：竟陵文宣王子良。子良啟曰：……夫獄訟惟平。畫一在制。雖恩家得罪，必宜申憲。鼎姓貴僮，最合從網。若罰典惟加賤下。辟必寬於權豪，懼非先王立理之本。（四十張）

又昭胄，子良子。慧景事敗。昭胄兄弟首出投臺軍主胡松。松以王侯還第。不自安。謀為身計。子良故防閤桑偃為梅蟲兒軍副，結

巴西太守蕭寅謀立昭胄，「諸事定，用寅為尚書左僕射、護軍將軍。以寅有部曲，大事皆委之。」（同本傳）

高帝王晏傳：「時王儉雖貴而疏，晏既領選，權行臺閣，與儉頗不平。儉卒，禮官議謚，上欲依王導謚為文獻，晏啟上曰：『導乃得此謚，但宋以來，不加素族。』出謂人曰：『平頭憲事已行矣。』」（同二上）

又「儒人鮮于文粲與晏子德元往來，密探朝旨，告晏有異志。」[illegible]

又江斆傳：「出為寧朔將軍、豫章內史。還除太子中庶子，領驍騎將軍。未拜，門客通贓利，世祖遣信檢覈，斆藏此客而躬自引咎。上甚有怪色。王儉從容啟上曰：『江斆若能治郡，此便是具美耳。』上意乃釋。」時事（同三下）

齊書沈文季傳。褚淵當世貴望。頗以門戶裁之。文季不爲之屈。世祖在東宮。於玄圃宴會朝臣。文季數舉酒勸淵。淵甚不平。啟世祖曰。沈文季謂淵經爲其郡。數加淵酒。文季曰。惟桑與梓。必恭敬止。豈如明府。亡國失土。不識枌榆。遂言及虜動。淵曰。陳顯達沈文季。當今將略。足委以邊事。文季諱稱將門。因是發怒。啟世祖曰。褚淵自謂忠臣。未知身死之日。何面目見宋明帝。世祖笑曰。沈率醉也。〔太子右衛率〕中丞劉休舉其事。見原。〔何的邪〕

又世祖謂文季曰。南士無僕射。多歷年所。〔何的邪〕兄子昭略……

……昇明末。爲松滋西曹。太祖賞之。及即位。謂王儉曰。南士出首沈昭略。何職處之。儉曰。臣已擬奏爲驍騎將軍。上不欲遠。可共

卷四の上

齊書宗室傳。始安貞王道生次兄太祖子遙光既輔政。見少主東昏侯即……信。潛與江祏兄弟謀自樹立。弟遙欣在荊楚。……密相影響。……而遙欣病死。江祏被誅。……遙光弟遙昌先卒壽春。豫州部曲。皆歸遙光。及遙欣喪還葬武進。停東府前渚。荊州衆力送者甚盛。……收集二州部曲。……（の至止）

又蕭惠基傳。泰始初。兄益州刺史惠開拒命。明帝遣惠基使至蜀。宣旨慰勞。惠開降。而益州土人反。引氐賊圍州城。惠基於外宣示朝廷威賞。於是氐人邵虎郝天賜等斬賊帥馬興懷以降。還爲太子中舍人。惠基西使。千餘部曲。並欲論功。惠基毀除勳

策。騎無所用。或問其意。惠基曰。材者論其山埒。別馳騁之。已置

至書懷之本郡。（同六下）

齊書王融傳：會虜動。竟陵王子良於東府募人。板融寧朔將軍、

軍主。……才地既華。兼藉子良之勢。傾意賓客。勞問周款。文武翕

習輻湊。招集江西傖楚數百人。並有幹用。世祖疾篤。暫絶。子

良在殿内。太孫未入。融戎服絳衫。於中書省閤口斷東宫仗不

得進。欲立子良。（同七下）

齊書文學傳：丘靈鞠。吴興烏程人也。……永明二年。領驍騎將軍。

靈鞠不樂武位。謂人曰。我應還東掘顧榮冢。江南地方數千里。

士子風流。皆出此中。顧榮忽引諸傖渡。妨我輩塗轍。死有餘罪。

（五二〇）南史 七三〇

高孝義傳江泌歷仕南中郎行參軍。所給募吏去役得時病。莫有舍之者。吏扶杖投泌。泌親自隱恤。吏死。泌為買棺。無僮役。兄弟共輿埋之。（[illegible]）

又倖臣傳。中書之職。舊掌機務。漢元以令僕用事。魏明以監令專權。及在中朝。猶為重寄。……晉令舍人位居九品。江左置通事郎。管司詔誥。其後郎還為侍郎。而舍人亦稱通事。元帝用琅邪劉超。以謹慎居職。宋文世。秋當。周糾並出寒門。孝武以來。士庶雜選。如東海鮑照。以才學知名。又用魯郡巢尚之。江夏王義恭以為非選。帝遣尚之送上十餘牒宣敕論辯。義恭乃歎曰。

人主識知人。及即帝位。嶷母顏陀伽夫之德。手自傳律疑。書初

亦用名節。及以親信濟識敕啟。常署詔敕。按涉辭翰者。亦為詔

文。侍郎之局。復見侵矣。建武世。詔命殆不關中書。專出舍人。南

朝舍人之人。所謂之南。史下有章。今史。舊有五省。宋時多更。

人數無多。其非左右要密。天下文簿極繁。入副其南。常據啟被。

南此者也。如中閣書友。南郡局從錄。器仗兵役。亦用寒人被思。

華埒。今立傳往前。以從前史之義云。(宋書)亦止其替室見傳

又紀僧真傳。僧真容貌言吐。雅有士風。世祖常目送之。笑曰。人生何必

計門戶。紀僧真。常貴人所不及。(宋書)

又呂文顯傳。

六 41上

子弟觀廣陵萬人始上生起舞歌欣。為廣所擒。擁殺南奔。永明五年定

七 1下 時王審為紀西府軍將殺趙匡凝。這陝新失大鎮。萬人

往來。詐云審知圖國。少帝詔以蕭為使持節都督將兼三州

存將軍儒州刺史西畔為差二千石。

梁書末帝紀上表曰。……且夫讚揚謨誥。詐備多緒。人物稱備。莫

肯留心。是以冒藝良家。即同冠族。安停簪幅。便為雅士。多假保

舉。遂當遷擢。屬者已揚。方被徽榮。將第代選者。請文選舉。應在

壽選。自有銓衡。責精材階。以材藏否。武事定擬。或得之論。

將得簡通選家。然身事揚門。……且聞中書有格。甲科以二十等

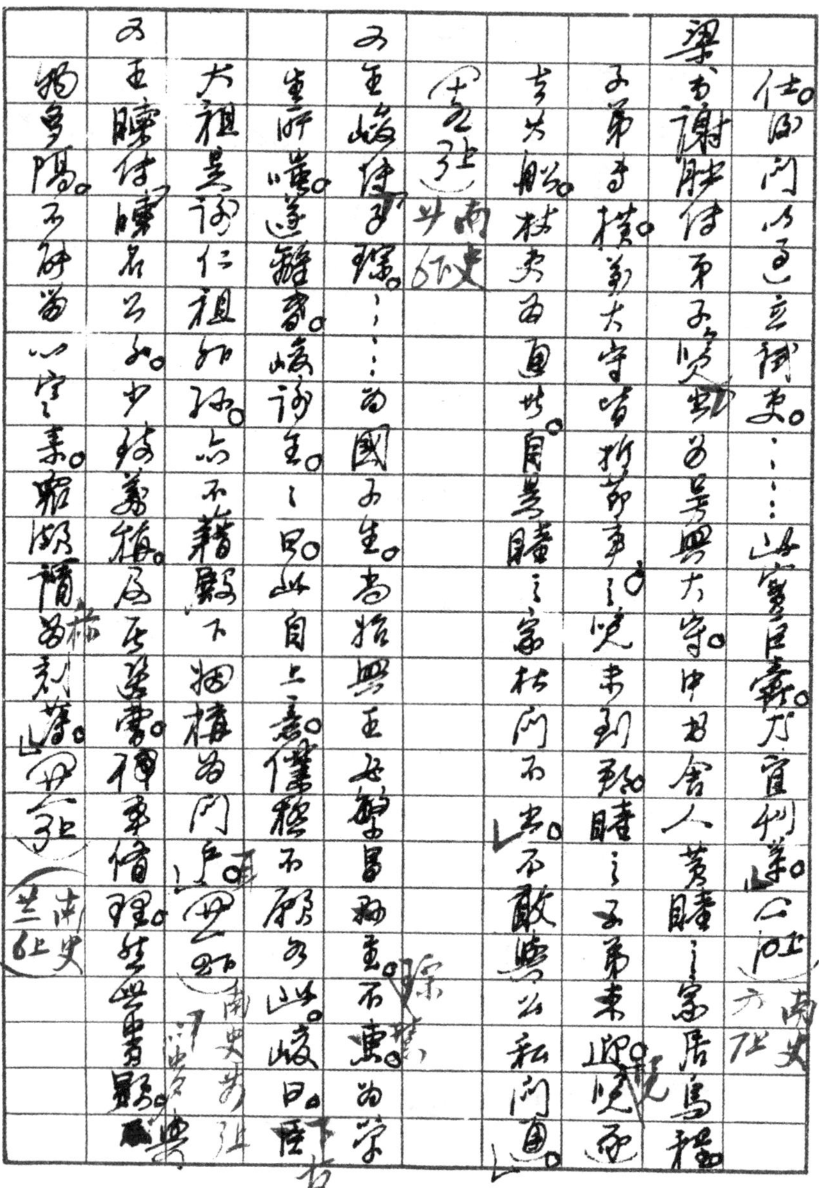

仕。何[illegible]以[illegible]試吏。……此寒[illegible]，乃宜[illegible]。（[illegible]）南史[illegible]

梁書謝朏傳：弟子覽，為吳興太守。中書舍人黃睦之家居烏程，子弟專橫，前太守皆折節事之。覽未到郡，睦之子弟來迎，覽逐去其船，杖吏為通者。自是睦之家杜門不出，不敢與公私關通。

（[illegible]）南史[illegible]

又王峻傳：子琮……為國子生。尚始興王女繁昌縣主，不慧，為學生所嗤，遂離婚。峻謝王，王曰：此自上意，僕極不願如此。峻曰：臣太祖是謝仁祖外孫，亦不藉殿下姻媾為門戶。（[illegible]）南史[illegible]

又王暕傳：暕名公子，少致美譽。及居選曹，職事修理，然世貴顯，與物多隔，不能留心寒素，衆頗謂為刻薄。（[illegible]）南史[illegible]

南史蕭景傳：景從高祖義師至，以景為寧朔將軍，行南兗州事。
時天下未定，江北傖楚，各擁塢壁。景示以威信，渠帥相率面縛
請罪，旬日境內皆平。（五一下）

又范岫傳：居於廷尉府，諸傳不畜私門生，不交私利。（六〇上）
又夏侯亶傳：亶辯給能專對。宗人夏侯溢為衡陽內史，辭日，亶侍御
坐，高祖謂亶曰：夏侯溢於卿疏近？亶答曰：是臣從弟。高祖知溢於亶
已疏，乃曰：卿傖人，好不辨族從。亶對曰：臣聞服屬易疏，所以不
忍言族。時以為能對。（五五上）此事見顏氏家訓風操篇（王注）
又夔……夔為北中……大通……六年……豫州刺史……在州
七年，左右有精騎，遠近多附之，有部曲萬人，馬二千匹，並服習精強

位。南齊時之亂……大同中，事於州……子謨。……謨[illegible]
謀。……除常侍御史，領太子部曲。為[illegible]助防。初與蕭詧[illegible]
引為府長史。[illegible]彭城戰殁。後為侯景長史。景[illegible]為[illegible]。
隨濟江。頓兵陳西上林館。破掠郊第及居人富室子女財貨，盡
略有之。[illegible]有之家。[illegible]
並兼為第。[illegible]縊焉。（卅八下）
梁書顧協傳：有門生始來事協，知其廉潔，不敢厚餉，止送錢二千。
協發怒，杖二十。因此事者絕於饋遺。（卅上）（南史六下）
又王筠傳：除爲尚書殿中郎。王氏過江以來，未有居郎署者。或勸逡
巡不就。筠曰：陸平原東南之秀，王文度獨步江東，吾得比蹤昔

人。何所苦恨，乃欣然對酬。（卅三下）

梁書卅四張纘傳：大同二年，徵為吏部尚書。纘居選，其後門寒素有一介者，皆見引拔，不為貴要屈意，人士翕然稱之。（卅四上）南史五六下

又江革傳：……乃除……會稽郡丞，行府州事。革門生故吏家多在東州，聞革至，並齎持緣道迎候。革曰：我通不受餉，不容獨當故人筐篚。至鎮，惟資公俸。（卅六下）

又何敬容傳：敬容舊時賓客門生，喧譁如昔，冀其復用。會稽謝郁致書戒之曰：……謂足下之門者，未必皆感恩懷仁，有灌夫任安之氣，乃戚屬之大署，實足傳之後困也。（卅七下）

又羊侃傳：中大通四年，詔……隨太尉元法僧北討。……侃曰：臣

按此靈[illegible]常思新帝。……此人雖謂臣為吳，商人已呼臣為虜。今與法僧同行，還是豬歎，於是泚上有此事。亦使向相稱謂。（四九上）

梁書文學傳：庾於陵擢太子洗馬。……舊事東宮官屬，通為清選。洗馬掌文翰，尤其清者。近世用人，皆取甲族有才望。時於陵與周捨並擢充職。高祖曰：官以人而清，豈限以甲族。時論以為美。九（27下）南史五十下

又鍾嶸：天監初，制度雖革，而日不暇給。嶸乃言曰：永元肇亂，坐弄天爵。勳非即戎，官以賄就。揮一金而取九列，寄片札以招六校。騎都塞市，郎將填街。服既纓組，尚為臧獲之事；職惟黃散，猶躬胥

胥徒之役。名實淆紊。茲焉莫甚。臣竊謂軍官是素族士人。自有清貴。而因斯受爵。一宜削除。以懲僥競。若吏姓寒人。聽極其門品。不當因軍。遂濫清級。若僑雜傖楚。應在綏附。正宜嚴斷祿力。絕其妨正。直氣崖鏡而已。僅獨竄患。而懷鄙四。勅付尚書行之。止

(同九卷)南史七二卷

又吾精……尤不得志。遂積行市道。不拘細節。止(同七十卷)

又減嚴歷縣韓陽武寧郡。累任清濯左。爲鄱郡守。常遣十人以兵鎮江。幾鐵務以船門生第事入境。貪暴挾賄。遂稱窮溢。(同五十卷)

又處士張孝秀……去職歸山。居於東林寺。有田數十頃。部曲數百人。率以力田。盡供山衆。遠近歸慕。赴之如市。止(同三一卷)

南史七六卷

梁書良吏傳沈瑀，遷為揚武將軍餘姚令。縣大姓虞氏千餘家。請謁如市，前後令長莫能絕。自瑀到，非訟所通，其有至者，悉立之階下，以法繩之。縣南又有豪族數百家，子弟縱橫，遞相庇蔭。厚自封植，百姓甚患之。瑀召其老者為石頭倉監，少者補縣僮，皆號泣道路。自是權右屏跡。瑀初至，富吏皆鮮衣美服，以自彰別。瑀怒曰：汝等下縣吏，何自擬貴人耶？悉使著芒屩粗布，侍立終日。足有蹉跌，輒加榜棰。瑀微時，嘗自至此鬻瓦器，為富人所辱。故因以報焉。由是士庶駭怨。然瑀廉白自守。故得遂行其志。

三〇卜 南史 七十8上

又何遠，遷武陽太守。遠處職，疾強富如仇讎，視細民如子弟。特為

豪右所畏憚。在東陽嚴酷。後為要前所謗。坐免職。（宋三 6上）（南史七十 6上）

陳書劉師知傳：家世書禮（十六 2上）

又沈衆傳：侯景之亂。衆表於梁武帝。稱家代所隸故義部曲。並在吳興。求還召募。以討賊。梁武許之。及景圍臺城。衆率宗族及義附五千餘人入援京邑。（十八 5上）

又姚察傳：遷吏部尚書……至於陸氏所超。楷葉所分。友稱不拓要。與奪高下。莫而論之。無所遺失。（廿七 4上）

又陸瓊傳：遷吏部尚書……瓊詳練譜牒……（卅 2上）

又傅縡傳：時有吳興章華……即主即位。朝臣以華素無伐閱。競排詆之。乃除大市令。（卅 6下）

陳書儒林傳：王元規……元規八歲而孤，兄弟三人，隨母依舅氏往臨海郡。時年十二。郡土豪劉瑱者，資財巨萬，以女妻之。元規母以兄弟幼弱，欲結強援，元規泣請曰：因不失親，古人所重。豈得苟安異壤，輒婚非類。母感其言而止。（廿二上）

南史宋武帝紀：帝素貧，時人莫能知，唯琅邪王謐獨深敬焉。嘗負刁逵社錢三萬，經時無以還，逵執之。謐密以己錢代償，由是得釋。（一上）微時躬耕於丹徒，及受命，耨耜之具，頗有存者，皆命藏之，以留於後。及文帝幸舊宮，見而問焉，左右以實對。文帝色慚。……及孝武帝於所壞上所居陰室，於其處起玉燭殿，與群臣觀之。牀頭有土障，壁上掛葛燈籠麻繩拂。侍中袁顗盛稱上儉素之德，孝武不答，獨曰：田舍公

得此。以為己累。（一四〇）

南史四本紀世祖永明七年。詔以諸大夫年秩隆重。增俸。給見役。

（同上）

又，論曰……裴子野宋略紀錄。並云出自當身。不編御史大夫譴之。以為先祖之諱。筆自反證之。檀超撰國蕭濟。而證之本傳。不當此除言無所本。便乖實錄。近秘書監顏師古。博考經籍。注解漢書。已正其非。今隨而改削焉。（同上）

又，梁武帝紀天監元年四月丁卯詔。詔凡諸郡國舊邦族內。無在朝位者。選其擢拔。使郡有一人。（同上）

又，陳高祖紀。其本甚微。自云漢太丘長寔之後也。（見此）

南史后妃傳：宋孝懿蕭皇后，武帝繼母。初，武帝微時。貧約過甚。孝皇之
殂。葬禮多闕。帝遺旨。太后百歲。不須祔葬。至是故稱后遺令
云。（下略）

又齊宣孝陳皇后生高帝。高帝雖從宦。而家業本貧。為建康令時。高
帝等冬月猶無縑纊。而奉膳甚厚。后每撤去兼肉。曰。於我過
足矣。（下略）

又鬱林王何妃。妃稟性淫亂。南郡王所與無賴人遊。妃擇其美者。
皆與交歡。南郡王侍書人馬澄年少色美。甚為妃悅。……隆時。
本剡縣寒之人。……澄又逼取婦女為妾。婦不與。澄詣建康令沈
徽孚訟之。徽孚曰。婦女可為婦。不可為妾。澄曰。僕父為給事中。

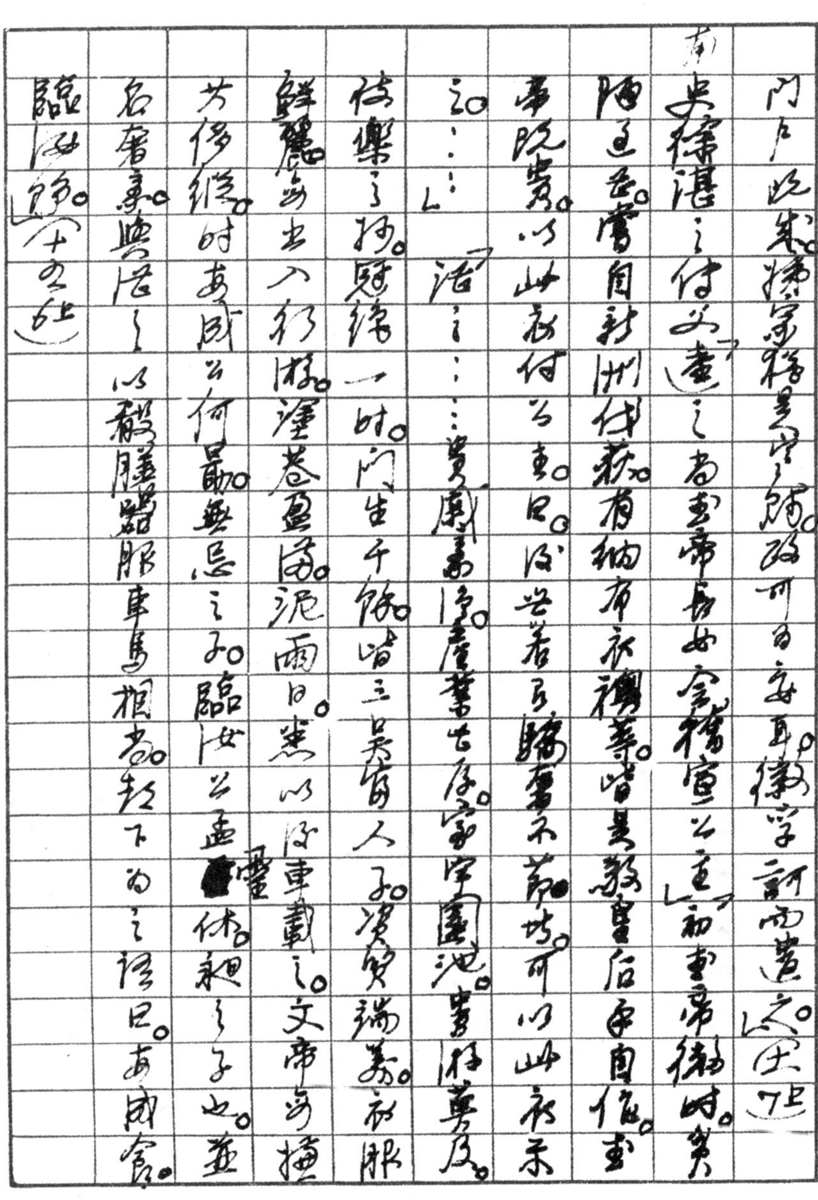
門戶既榮，僕察稍異宗族，殆可自安耳。徽學許而貴之。（大七上）

南史徐湛之傳：父逵之尚高帝長女會稽宣公主。初，高帝微時，貧陋過甚，嘗自於新洲伐荻，有納布衣襖等，皆是敬皇后手自作。高帝既貴，以此衣付公主，曰：後世若有驕奢不節者，可以此衣示之。……湛之……貴戚豪家，產業甚厚，室宇園池，貴游莫及。伎樂之妙，冠絕一時。門生千餘，皆三吳富人子，資質端妍，衣服鮮麗，每出入行遊，塗巷盈滿。泥雨日，悉以後車載之。文帝每嫌其侈縱。時安成公何勖，無忌之子，臨汝公孟靈休，昶之子也，並名奢豪，與湛之以肴膳器服車馬相尚。都下為之語曰：安成食，臨汝飾。（十五上）

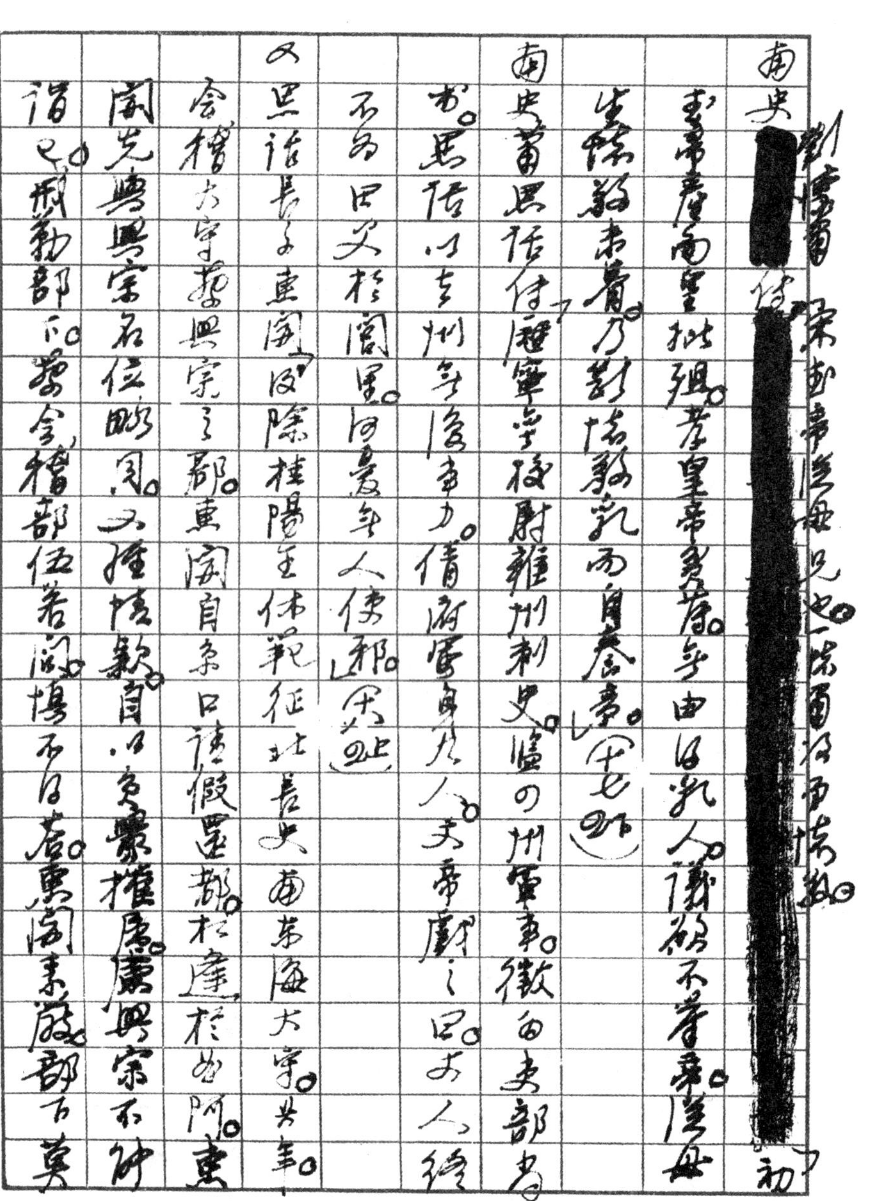

南史劉懷肅傳：宋武帝從母兄也。[illegible]初，

宋武帝產而皇妣殂。孝皇帝貧薄，無由得乳人，議欲不舉帝。從母

生懷敬，未朞，乃斷懷敬乳而自養帝。（十七卷）

南史蕭思話傳：歷寧蠻校尉、雍州刺史，監四州軍事。徵爲吏部尚

書。思話以去州無復事力，倩府軍身九人。文帝戲之曰：丈人終

不爲田父於閭里，何憂無人使邪。（十八卷）

又思話長子惠開，除桂陽王休範征北長史、南東海太守。其年，

會稽太守蔡興宗之郡，惠開自京口請假還都，相逢於曲阿。惠

開先與興宗名位略同，又經情款，自以負釁摧屈，慮興宗不詣

己，戒勒部下：蔡會稽部伍若問，慎不得答。惠開素嚴，部下莫

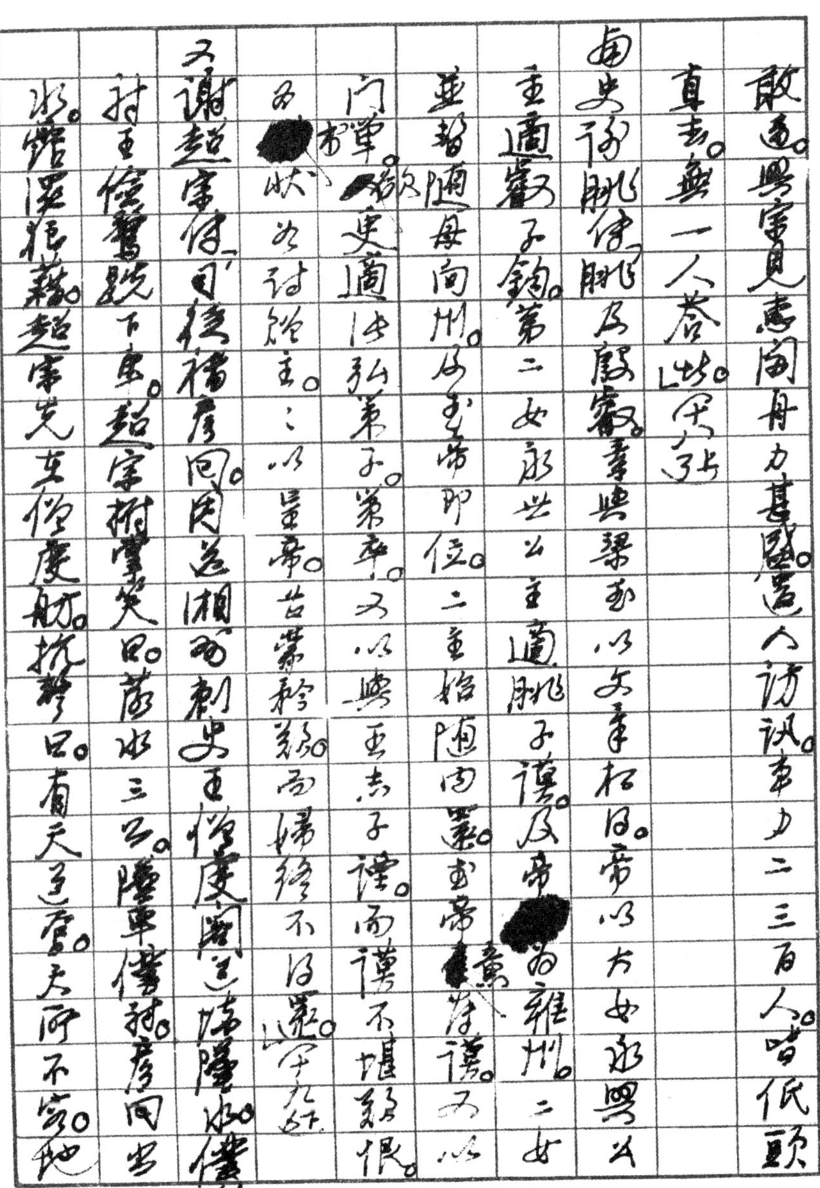

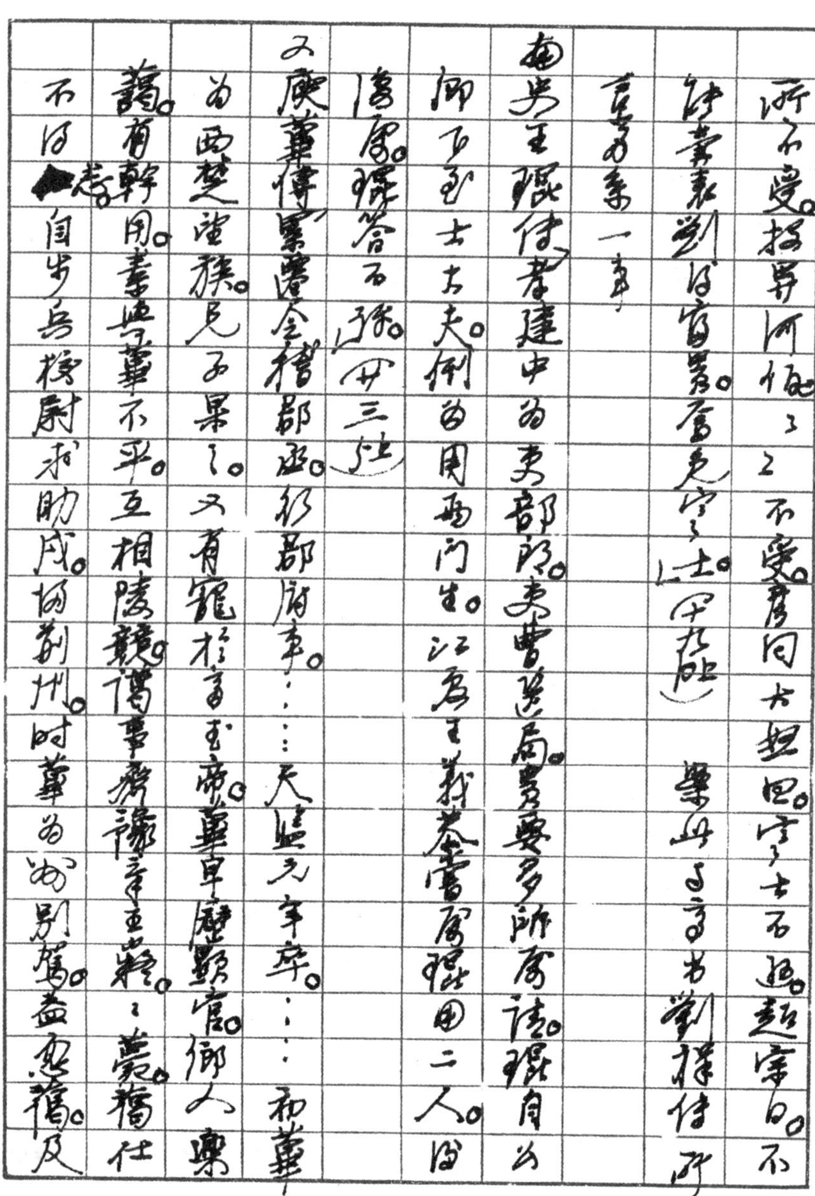

所不受。投畀河伯，河伯不受。高同太祖曰。寧之士不過趙寧白。不

[illegible]黄裳劉祥官署。衛之處士。（卅九）　梁典五言書劉祥傳所

青□本一事

南安王琛傳：孝建中為吏部郎。吏曹選局，貴要多所屬請。琛自公卿下至士大夫，例為用兩門生。江夏王義恭嘗屬琛用二人，後復屬琛。琛答不從。（卅三往）

又庾蓽傳：累遷會稽郡丞，行郡府事。……天監元年卒。……初蓽為西楚望族。見子果之。又有寵於齊武帝。蓽早歷顯官。鄉人樂藹，有幹用。素與蓽不平。互相陵競。藹事齊豫章王嶷。嶷薨，藹仕不得志，自步兵校尉求助戍，歸荊州。時蓽為州別駕，益忽藹。及

梁武帝踐阼，擢以西朝勳為御史中丞。蓽恪自會稽行事。既恥之矣。今職事隣有違。帝以蓽其鄉人也。使宣旨誘之。蓽大憤。極發病卒。子喬。後仕為荊州別駕。時元帝為荊州刺史。而州人范興話。以寒賤仕叨九流。選為州主簿。又皇太子令及之。故元帝勒喬聽興話到職。及屬元日。府州朝賀。喬不肯就列。曰。庾喬忝為端右。不能與小人范興話為雁行。元帝聞。乃進喬而停興話。興話羞慚還家。憤卒。世以喬為不墜家風。（四九卷）

南史張纘傳大同……五年武帝詔曰纘外氏英華朝中領袖司空以後名冠范陽可尚書僕射纘本宮門以外戚顯重高自擬倫而詔有司云范陽之言深用為恨以朱異草詔與異不平宣心銜了

南史范雲傳：又爲始興内史。……郡多豪猾大姓，二千石有不善者，輒共殺害，不則逐之。邊帶蠻俚，尤多盜賊。前内史皆以兵刃自衛。雲入境，撫以恩德，罷亭候，商賈露宿，郡中稱爲神明。遷廣州刺史。……時江祏姨弟徐藝爲曲江令，祏深以托雲。有譚儼者，縣之豪族，藝鞭之，儼以爲恥，詣京訴雲，雲坐徵還下獄，會赦免。（四七下）

南史韋鼎傳：開皇十三年，除光州刺史。……州中有土豪，外修邊幅，而内行不軌，常爲劫盜。鼎於都會時謂之曰："卿是好人，那忽作賊？"因條其徒黨謀議逗留。其人驚懼，即自首伏。（四八下）

南史陸慶之傳：習世宗門達者，惟慶之與俞藥。而爲武帝左右。

帝謂曰。俞氏無先賢。世人云俞錯非男子所。宜改姓喻。藥曰。嘗今姓自移臣。歷位雲旗將軍安州刺史。（南史七七）

南史朱異傳：……輕傲朝賢。不避貴戚。人或誨之。异曰。我寒士也。遭逢以至今日。諸貴皆恃枯骨見輕。我下之則為蔑尤甚。我是以先之。（南史六二）

南史周敷傳（南史六七）華皎以寒族而為軍人。甚異於周迪留異陳寶應。素肯守忠亦克終。

南史恩倖傳：施文慶家本吏門。（南史七七）

南史王球傳：時中書舍人徐爰有寵於上。上嘗命球及殷景仁與之相知。球辭曰。士庶區別。國之章也。臣不敢奉詔。上改容謝焉。

宋文帝（南史二三）

南史王彧傳：從弟克，仕偽景，位太宰，侍中，錄尚書事。景敗，克迎僧
王僧辯。問克曰：勞事夷狄之君。克不能對。次問璽紱何在，克良
久曰：趙平原將去。平原名思賢，景腹心也。景授平原太守。
故克呼焉。僧辯乃謂克曰：王氏百世卿族，便是一朝而墜。（要北）
又王曇首傳：內外要祿，華國閭閻雜。（卅四上）寒既不能讀書，位處
紛綸。事多多對。內外要職，華國門生。（四十）
又劉係宗傳：掌吏部尚書。時有新客以令參選。事有不允，係宗輒杖執。
新客語人曰：劉係宗為吾錄奧，遂學作貴人。……係宗祖考之。初以
擔囊自隨。故世以為謝云。（卅四下）
又袁粲傳：粲幼孤，祖哀之，名曰愍孫。……大明……七年。……室

太子冠。上臨宴東宮。與顏師伯柳元景沈慶之等並樗蒲。延孫勸師伯隱。師伯不從。延孫因於穀席曰。而言倍人開懷。師伯兄弟稱也。上常欲以宗室陵之。因此發怒曰。袁濯粲父不達朕。負外路來可得也。而敢守士遐翔。將身共之。帝引下席。延孫色不變。沈柳並飲讌。久之得釋。毋爲張

南史蔡興宗傳。被徵還都。時右軍將軍王道隆任參國政。權重一時。躡履到興宗前。不敢就席。良久方去。竟不呼坐。元嘉初。中書舍人秋當詣太子詹事王曇首。不敢坐。其後中書舍人弘興宗為文帝所愛遇。上謂曰。卿欲作士人。得就王球坐。乃當判耳。殷劉並雜。無所益也。若往詣球。可稱旨就席。球舉扇曰。君不得

陳顯達。伏事既閒。帝曰。我使卿與此同。詎是與宗愨比。」（四九上）

五十年中有此三事

南史劉瓛傳。璡爲書庫部郎。……爲書等門省制。八坐以下。門生隨入坐。各有差。不得雜以人士。璡以宗人劉璡寄爲書侍度門名。而與璡璡同席坐。璡年。生讓者。」（四九上）

又江斅傳。先是中書舍人紀僧真。幸於武帝。稍歷軍校。容表有士風。謂帝曰。臣小人。出自本縣武吏。遭逢聖時。階榮至此。爲兒昏得荀昭光女。即時無復所須。唯就陛下乞作士大夫。帝曰。由江斅謝瀹。我不得措此意。可自詣之。僧真承旨詣斅。登榻坐定。斅便命左右曰。移吾牀讓客。僧真喪氣而退。告武帝曰。士大夫故非天子所命。時人重斅風格。不爲權倖降意。」（四九上）

南史陸慧曉傳，遷吏部郎。尚書令王晏選門生補內外要局。慧曉為用數人而止。晏恨之。

又虞悅傳，累遷建威將軍、江州刺史。加都督。初，劉毅家在京口，酷貧，嘗與鄉曲士大夫往東堂共射。時悅為司徒右長史，要府州僚佐出東堂。毅已先至，告悅相聞曰：身並貧躓，營一游甚難。君如意人，無處不可為適，豈不能以此堂見讓。悅素豪，徑前不答。毅時眾人並避，惟毅留射如故。悅廚饌甚盛，不以及毅。毅既不去。悅甚不歡。毅又相問曰：身今年未得子鵝，豈能以殘炙見惠。悅又不答。至是毅表解悅都督將軍官，以刺史移鎮豫章，以親將趙恢領千兵守尋陽。建威府文武三千人悉入毅將府。深相挫

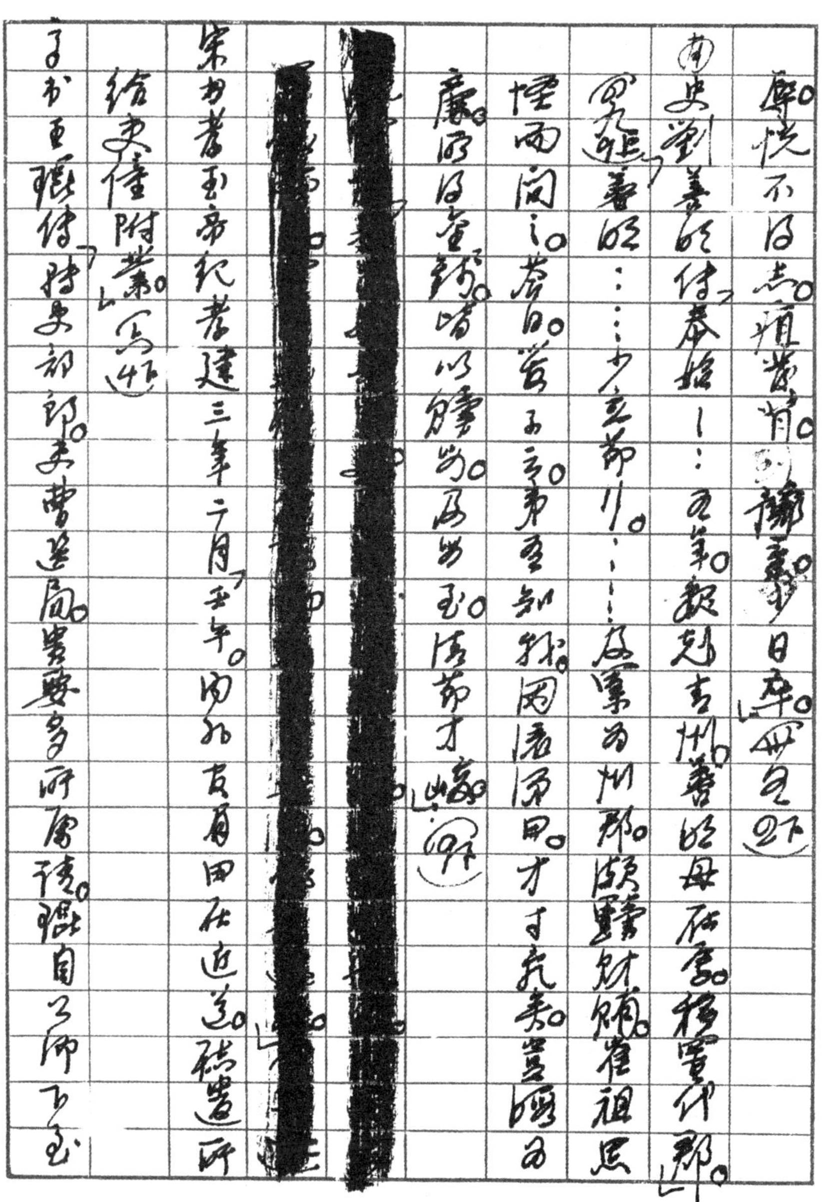

士大夫。例爲困兩門生。……（四〇上）

晋書劉隗傳。晋國建。拜御史中丞。周嵩嫁女。門生斷道解廬。斫傷二人。建康左尉赴變。又被斫。隗劾嵩兄顗。……顗坐免官。（六九〇上）

謝靈運殺[illegible]其妾以而棄其尸 宋書王弘傳（四二上）

謝滿至豫章高宗廢立。○宋書卒傳（四三〇下）

王恩遠及劉王景與高宗廢立。○宋書卒傳（四三〇上）

虞顗勸諸葛嗣不。顗虞嬰林。○宋書虞愿傳（四五〇上）

階級

魏书大宗紀永興五年詔分遣使者。巡求儁異。豪門彊族。为州閭
所推者。……各令詣京師。當隨才敘用。以贊庶政。（三2下）
又世祖紀太平真君五年正月庚戌。詔曰。……今制自王公已下。
至於卿士。其子息皆詣太學。其百工伎巧。騶卒子息。當習其父
兄所業。不聽私立學校。違者師身死。主人門誅。（四下）此史二6下
又高宗紀和平四年十二月壬寅。詔曰。……今制皇族師傅王公
侯伯及士庶之家。不得與百工伎巧卑姓為婚。犯者加罪。（五上）此史二6上
又高祖紀太和元年八月丙子。詔曰。工商皁隸。各有厥分。而有司
縱濫。或染清流。自今戶內有工役者。唯止本部丞已下。準次而

據舊譜籍之數。以劃定國者。不從此制。（仝上紀）北史三紀

又二十年五月詔曰。……又皇族貴戚及士民之家。不惟氏族高下。與非類婚偶。先帝親發明詔。為之科禁。而百姓習常。仍不肅改。朕今憲章舊典。祇案先制。著之律令。永為定準。犯者以違制論。（仝上紀）北史三紀

又肅宗紀神龜元年五月庚辰。詔以雜役之戶。或冒入清流。所在職人。皆五人相保。無人任保者。奪官還役。（肅紀）北史四紀

又遷都七年。利仲陽平王熙。莫擇法僧為益州刺史。素無治幹。加以貪虐。殺戮自任。威怒無恆。王賈諸姓。州內人士。法僧皆召為卒伍。無所假縱。於是合境皆反。招引外寇。蕭衍遣將張齊寇

攻逼城門，晝閉，行旅不通。（十六下）北史十七下

魏書崔玄伯傳：太宗以郡國豪右，大爲民蠹，乃優詔徵之。民多戀本。而長吏逼遣。於是輕薄少年，因相扇動，所在聚結。西河建興盜賊並起，守宰討之不能禁。太宗乃引玄伯及北新侯安同、壽光侯叔孫建、元屈等問曰：……今犯者已多，不可悉誅，朕欲大赦以紓之，卿等以爲何如？屈對曰：民逃不罪而反赦之，似若有求於下。不如先誅首惡，赦其黨類。玄伯曰：王者治天下，以安民爲本，何能顧小曲直也。……赦而不改，……誅之不晚。太宗從之。（廿四卅）

又公孫表傳：初表與勃海封愷友善，後爲子求愷從女，愷不許，表

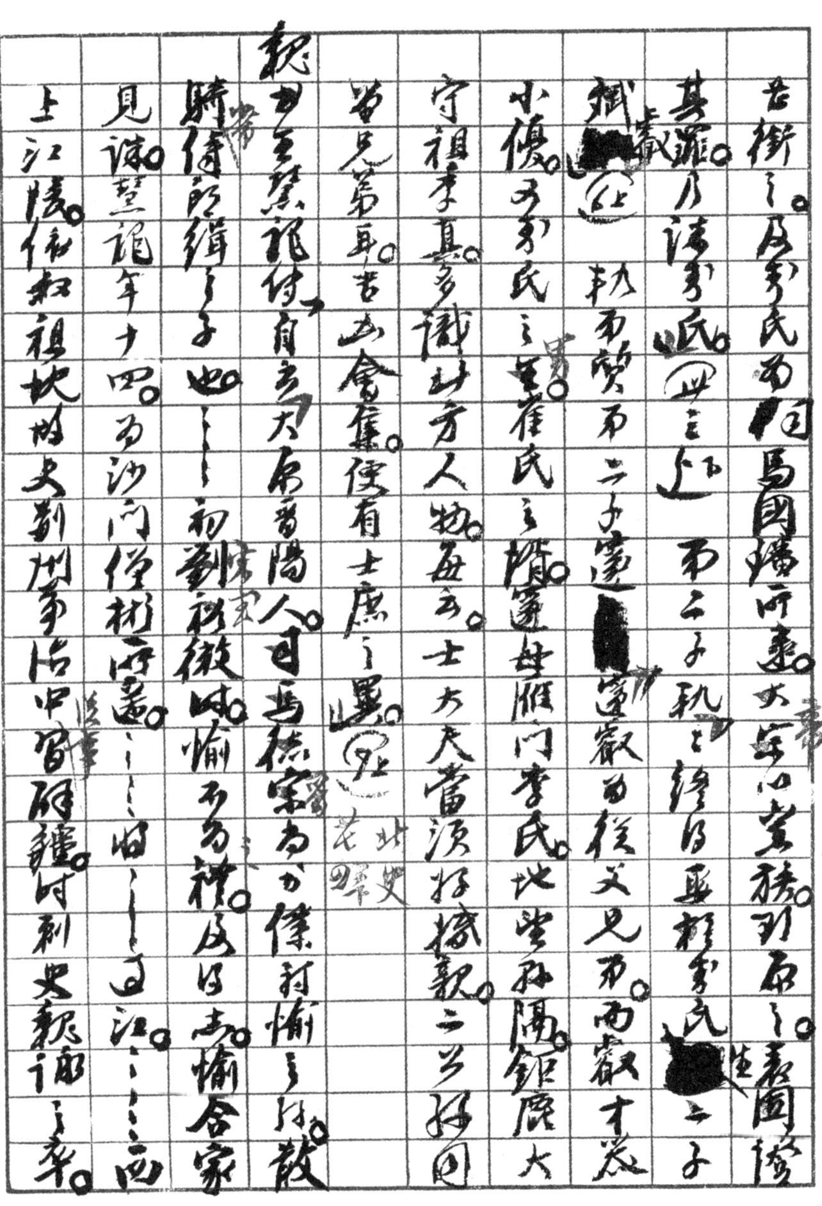

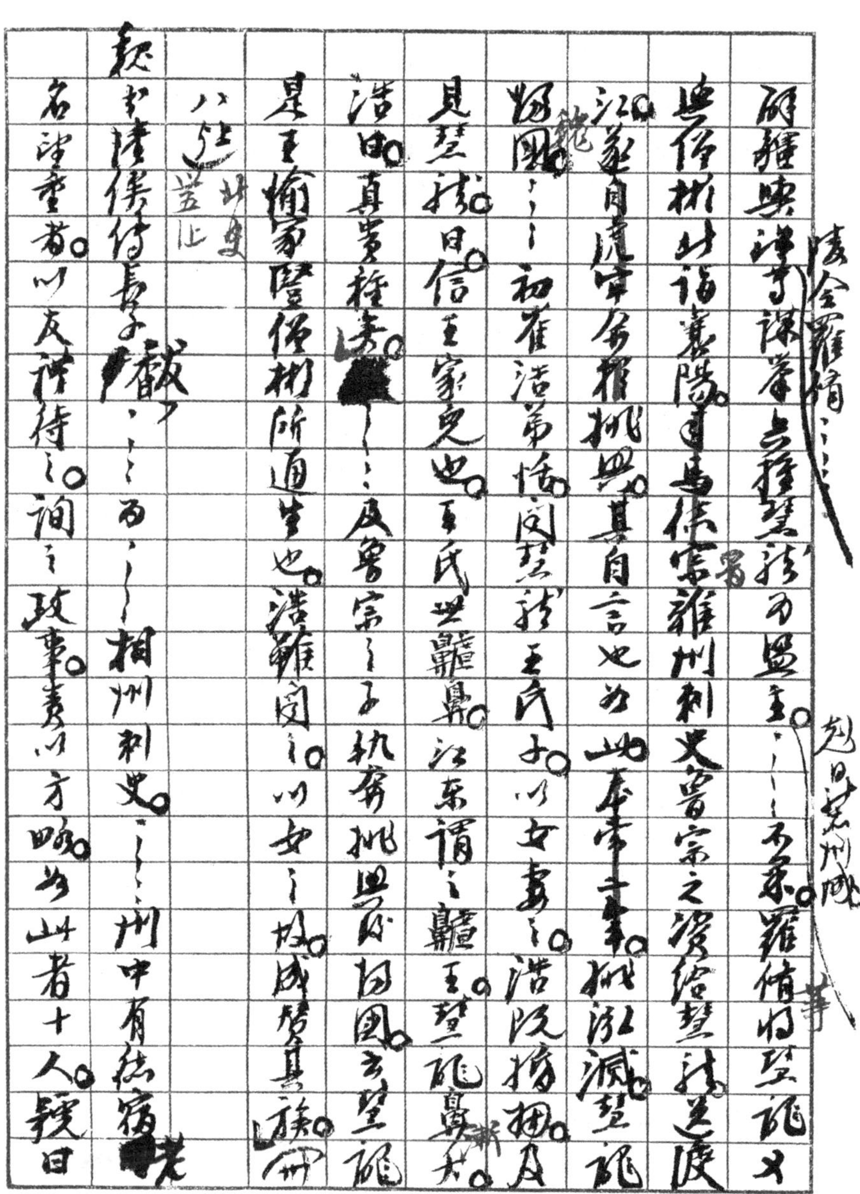

十善。又簡取諸狄獞凡百餘人。以爲假子。誘接殷勤。厚以衣服。
令其於家。爲耳目、往外。往是發抒擿伏。事無不驗。百姓以爲神
明。無敢劫盗者。（四十廿七）

魏書源賀傳：長子延。延弟思禮。後賜名懷。景明二年。徵爲尚書左
僕射。時有詔以奸吏犯罪。每多逃遁。因眚乃出。並皆釋然。自今
已後。犯罪不問輕重。而藏竄者悉遠流。若永避不出。兄弟代徙。
懷乃奏曰。……諸守宰犯罪逃走者衆。祿潤既優。尚有茲失。及
蒙恩宥。卒然復宦。今獨苦此等。恐非均一之法。……書奏。門下
以成式既班。駁奏不許。懷重奏曰。……伏尋條制。勳品已下。罪
發逃亡。遇恩不宥。仍流妻子。雖欲抑絕奸途。匪爲通式。謹案事

條。侵官敗法，專據流外，豈九品已上人皆貞白也。其諸州守宰，職任清流，至有貪濁，事發逃竄，而遇恩免罪，勳品已下，獨乖斯例。如此則寬縱上流，法切下吏，育物有差，惠罰不等。……者奏，世宗納之。可上迄

又文諸五傳：持節加侍中，行臺。巡行北邊六鎮、恆、朔三州……時細民爲豪強陵壓，積年枉滯，一朝見申者，日有百數。可迄

魏書杜銓傳：京兆人。晉征南將軍預五世孫也。祖……父……仍僑居趙郡。……初，密太后父豹喪在濮陽。世祖欲命迎葬於鄴。謂司徒崔浩曰：天下諸杜，何處望高？浩對：京兆爲美。世祖曰：朕今方改葬外祖，意欲取京兆中長者一人，以爲宗正，令營護凶

第。浩曰。中書博士杜銓。其家今在趙郡。是杜預之後。於今為諸杜之最。即可取之。……以為宗正。令與杜超子道生迎豹喪柩。歸葬鄴南。銓遂與超如親。超謂銓曰。既是宗近。何緣僑居趙郡。乃延引同屬魏郡焉。（同上）北史

魏書盧玄傳。司徒崔浩。玄之外兄。……浩大欲齊整人倫。分明姓族。玄勸之曰。夫創制立事。各有其時。樂為此者。詎幾人也。宜其三思。浩當時雖無異言。竟不納。浩敗頗亦由此。（同上）北史

又李安世（李孝伯兄祥之子）傳為……相州刺史……初廣平人李波。宗族強盛。殘掠生民。前刺史薛道摽親往討之。波率其宗族拒戰。大破摽軍。遂為逋逃之藪。公私成患。百姓為之語曰。李波小妹

字雅容。褰裙逐馬如卷蓬。左射右射必疊雙。婦女尚如此。男子那可逢。安世設方略。誘波及諸子姪三十餘人。斬於鄴市。境內肅然。（列三三上）北史卅三

魏書崔辯傳。孫巨倫。有姊明惠。有才行。因患眇一目。內外親類莫有求者。其家議欲下嫁之。巨倫姑趙國李叔胤之妻。高明慈篤。聞而悲感曰。吾兄盛德。不幸早世。豈令此女屈事卑族。乃為子翼納之。時人歎其義。（列卅四上）北史卅二

又崔挺傳。諸州中正。本在論人。高祖將辨天下氏族。仍亦訪定。乃遂授挺本州大中正。（列四五）

又劉昶傳。高祖臨光極堂大選。高祖曰。今欲因月旦。欲評魏典。夫典

材。為國之綱。治民之標。其材得世。則國治。不材則國亂。故國家昔在恒代。隨時制作。非通世之長典。故自夏及秋。親議條制。或言唯材是寄。不必拘門。朕以為不爾。何者。當今之世。仰祖質朴。清濁同流。混齊一等。君子小人。名品無別。此殊為不可。我今以八族以上。士人品第有九。九品之外。小人之官。復有七等。若苟有其人。可起家為三公。正恐賢才難得。不可止為一人。渾我典制。故令班鏡九流。清一朝軌……至九品

魏書韓麒麟傳子顯宗及定遷都。顯宗上書。其二曰。……使寺署有別。四民異居。永不雜

顯宗又上言曰……又曰。伏見洛京之制。居民以官位相從。不依族類。然官位非常。有朝榮而夕悴。

則衣冠淪於廝豎之邑。臧獲騰於膏腴之里。物之顛倒。或至於斯。古之聖王。必令四民異居者。欲其業定而志專。……故耳目所習。不督而就。父兄之教。不肅而成。仰惟太祖道武皇帝創基撥亂。日不暇給。然猶分別士庶。不令雜居。伎作屠沽。各有攸處。但不設科禁。賣買任情。販貴易賤。錯居混雜。假令一處彈箏吹笛。緩舞長歌。一處嚴師苦訓。誦詩講禮。宣令童齔。任意所從。其走赴舞堂者萬數。往就學館者無一。此則伎作不可雜居。士人不宜異處之明驗也。……今令伎作家習士人風禮。則百年難成。令士人兒童效伎作容態。則一朝可得。是以士人同處。則禮教易興。伎作雜居。則風俗難改。朝廷每選舉人。先則校其一婚

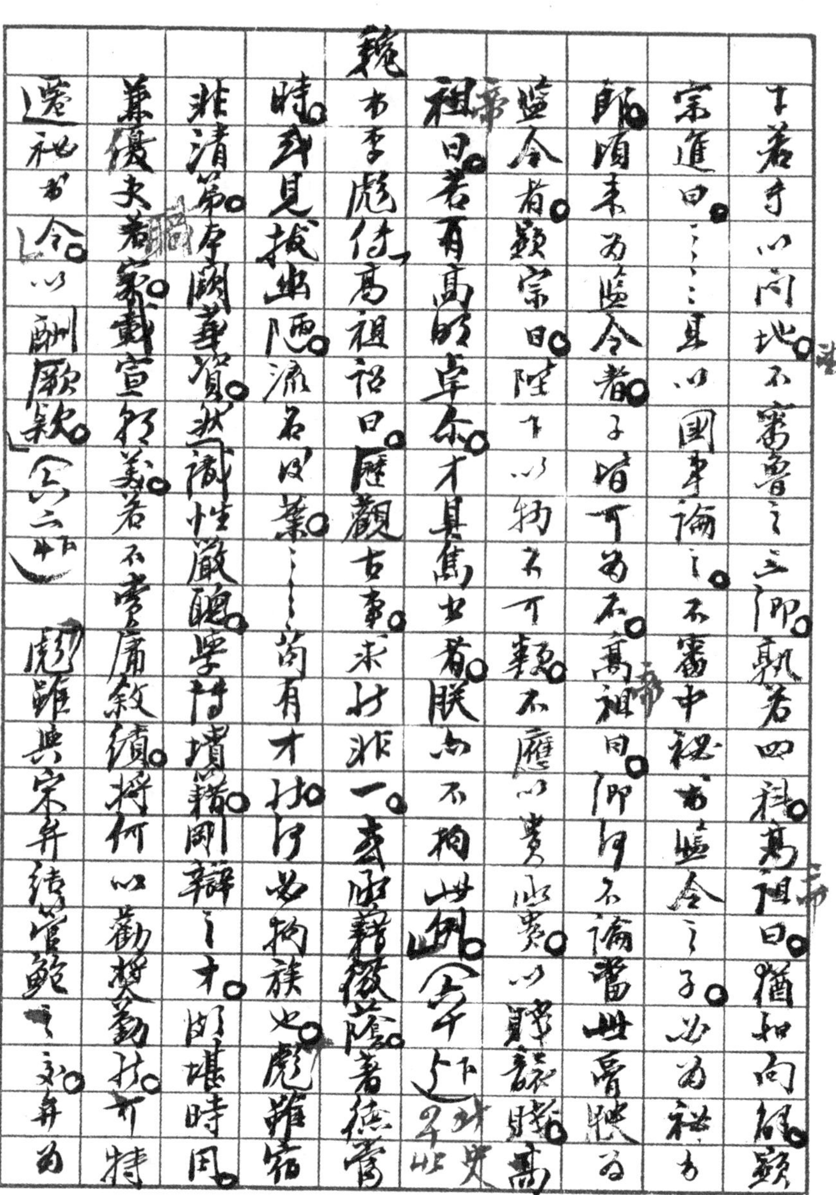

卞若寺以同地，不審魯之三卿，孰若四科，高祖曰：猶如向顧宗進曰……且以國事論之，不審中祕書監令之子，必為祕書郎，頃來為監令者，子皆可為不，高祖曰：卿何不論當世膏腴為監令者，顯宗曰：陛下以物不可類，不應以貴承貴，以賤襲賤，高祖曰：若有高明卓爾，才具雋出者，朕亦不拘此例（十二卜一叶此頁）

魏書李彪傳，高祖詔曰：歷觀古事，求材非一，或承藉微蔭，著德當時，或見拔幽陋，流名後葉，……苟有才能，何必拘族也，彪雖宿非清第，本闕華資，然識性嚴聰，學博墳籍，剛辯之才，頗堪時用，兼憂吏若家，載宣朝美，若不賞庸敘績，將何以勸獎勤能，可特遷祕書令，以酬厥款（六二上叶）

彪雖與宋弁結管鮑之交，弁為

中正。與高祖私議。猶以寒地處之。殊不欲微相優假。彪亦知之。
不以為恨。及弁卒。彪痛之無已。為之哀誄。備盡辛酸。郭祚為吏
部。彪為子志求官。祚仍以舊第處之。彪以位經常伯。又兼尚書。
謂祚應以貴遊拔之。深用忿怨。形於言色。時論以此非祚。每
日。本與義和至交。豈於鏡本而奪我宅。（六二頁）弁字義和
魏書宋弁傳。時大選內外群官。並定四海士族。弁專參銓量之任。
事多稱旨。然好言人之陰短。高門大族意所不便者。弁因毀之。
至於舊族淪滯。人非可忌者。又申達之。弁又為本州大中正。雖
族多所降抑。頗為時人所怨。始為高祖所顧之遇之。李沖多所
參預。頗抑宋氏。弁有恨於沖。而與李彪交結。雅相知重。及彪之

抗沖。沖謂彪曰。爾如狗耳。為人所嗾。及沖劾彪。不至大罪。弁之力也。彪除名為民。弁大相嗟慨。密圖申復。高祖每稱弁可為吏部尚書。及崩。遺詔以弁為之。與咸陽王禧等六人輔政。而弁已先卒（六三弁）。弁性矜伐。自許膏腴。高祖以郭祚魏晉名門。從容謂弁曰。卿固應推郭祚之門也。弁笑曰。臣家未肯推祚。高祖曰。卿自漢魏以來。既無高官。又無俊秀。何為不推。弁曰。臣清素自立。要爾不推。侍臣出。高祖謂彭城王勰曰。弁人身良自不惡。乃復欲以門戶自矜。殊為可怪（上）。

魏書李元護傳。遼東襄平人。八世祖胤。晉司徒。廣陸侯。胤子順。璠。及孫沈。志。皆有名宦。沈孫根。慕容寶中書監。根子後智等。隨

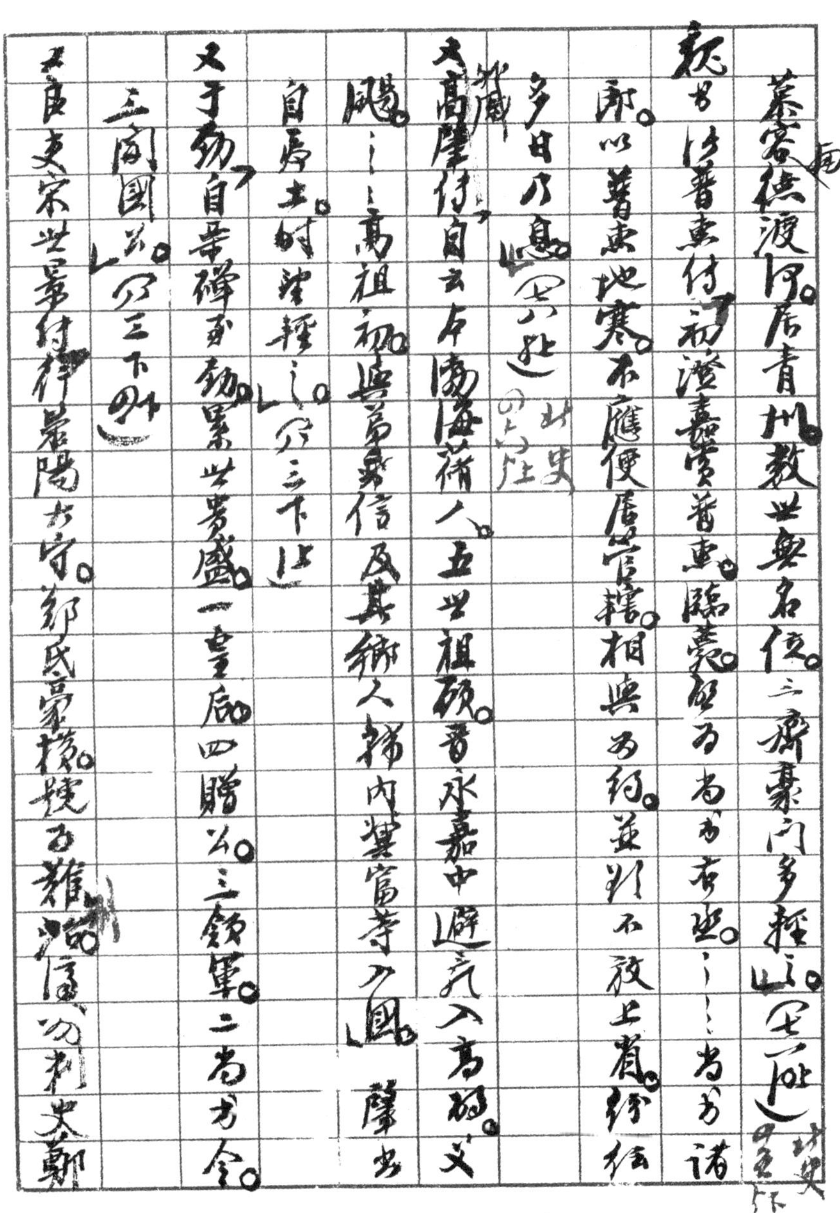

慕容德渡河。居青州。教世無名位。ヽヽ齊豪門多輕之。（宋一四五）北史四五下

衣書 法晉東付初澄嘉貴晉東。臨菑為尚書吏部。ヽヽヽ尚書諸

郎。以晉東地寒。不應便居官轄。相與為約。並判不發上省。緒信

多日乃息。（四六北）北史四六注

又高肇傳。自云本渤海蓨人。五世祖顧。晉永嘉中避亂入高麗。父 外戚

颺。ヽヽヽ高祖初。與弟乘信及其鄉人韓內冀富等入國。 肇出

自夷土。時望輕之。（八三下上）

又于勁自祖磾至勁。累世貴盛。一皇后。四贈公。三領軍。二尚書令。

三開國公。（八三下外）

又良吏宋世景付。滎陽太守。鄭氏豪家橫恣難治。濟州刺史鄭

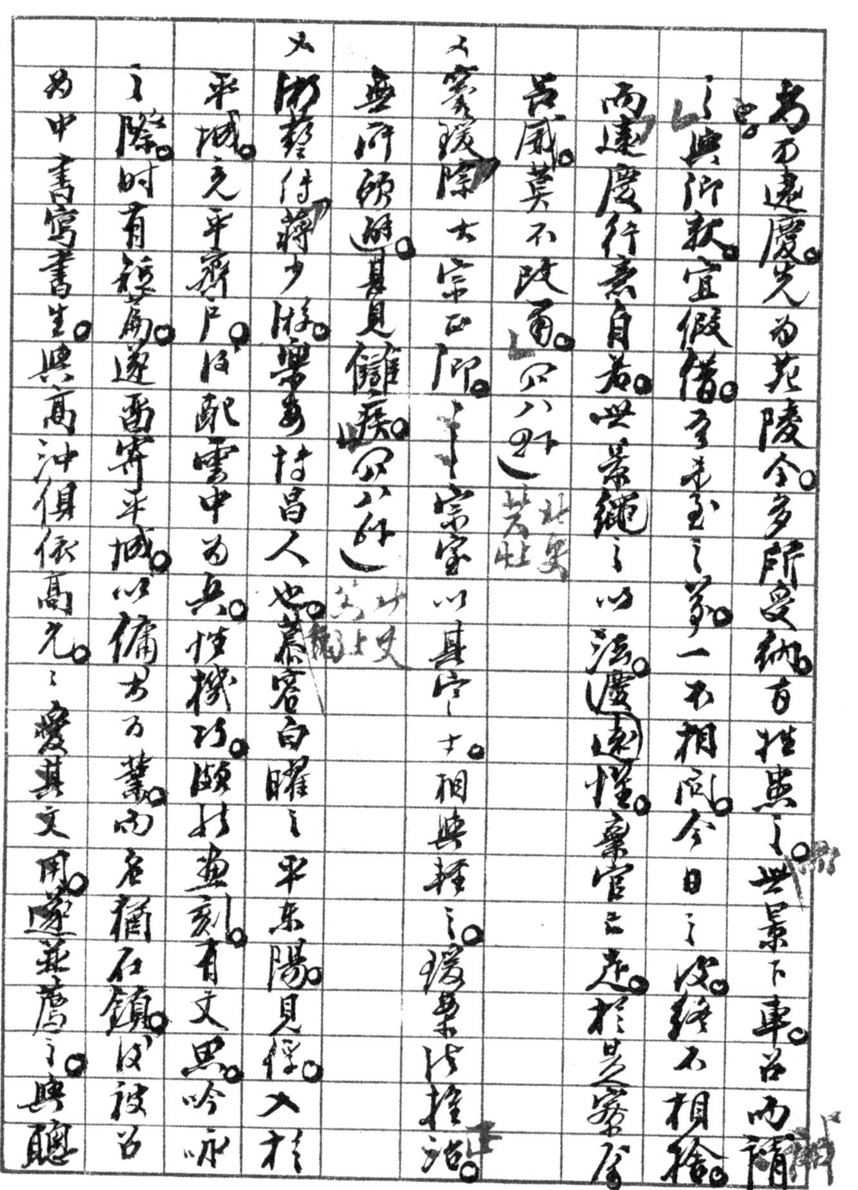

有屬遠慶，先爲苑陵令，多所受納，百姓患之。世景下車，召而謂之，與卿親，宜假借。至於王法，一不相貸。今日之後，終不相捨。而遠慶行意自若。世景繩之以法。遠慶懼，棄官亡走。於是寮屬威肅，莫不改勵。（同八卅一）

又遠際。太宗至郎。千宗室以其宗人子相與糾之。援集坊于推治。無所顧，耳見讓疾。（同八十）

又蔣少游，樂安博昌人也。慕容白曜之平東陽，見俘，入於平城，充平齊戶，後配雲中爲兵。性機巧，頗能畫刻，有文思。吟詠之際，時有短篇。遂留寄平城，以傭寫書爲業，而名猶在鎮。後被召爲中書寫書生，與高聰俱依高允。允愛其文用，遂並薦之，與聰俱補中書博士。自在中書。恒庇李沖兄弟子姪之門。始北方不悉青州蔣族。或謂少游本非人士。又少游微因工藝自達。是以公私人望。不至相重。唯高允李沖。曲為體練。由少游舅氏崔光與李沖從叔衍對門婚姻也。高祖文明太后常因密宴。謂百官曰。本謂少游作師耳。高允老公。乃言其人士。眷識如此。（魏書九一 [illegible]）

魏書 王仲興 仲興世居趙郡。自以寒微。云舊出京兆霸城。故為雍州大中正。（魏書九三 [illegible]）

七 寇猛 以上谷寇氏。得補燕州大中正。而不能甄別士庶也。（九三 [illegible]）

八 茹皓 舊吳人也。（九三 [illegible]）皓既官達。自云本出雁門。雁門人諂附

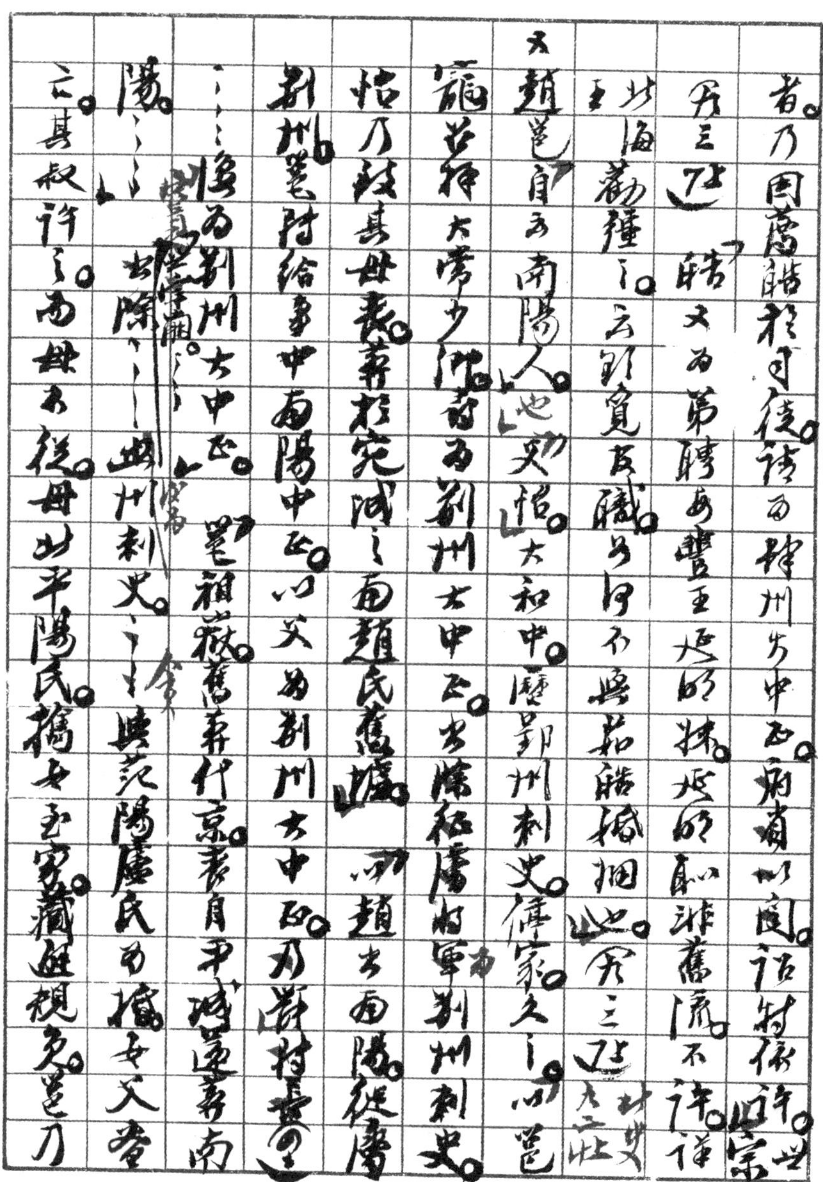
者。乃因舊籍於司徒，請爲韓州大中正。尚書以聞。詔特依許。世宗
兄三七述 韓文爲弟聘安豐王延明妹，延明恥非舊流，不許。詳
北海王勸獲之。云韓覓友識，與何不與。若韓婚姻也。兄三七述 大正比 卅女
大 趙邕自云南陽人也。又恬。太和中，歷郢州刺史。傳家之。以邕
寵並得大常少卿，尋爲荊州大中正。出除征虜將軍、荊州刺史。
恬乃移其母喪，葬於宛城之南趙氏舊墟。以趙去南陽從虜
荊州。邕附給事中、南陽中正。以父爲荊州大中正。乃辭村賓之
……徐爲荊州大中正。邕祖蘇舊葬代京，表自平城遷葬南
陽。……出除……幽州刺史。……與范陽盧氏爲婚，女父曾
之。其叔許之，而母不從。母北平陽氏，攜女至家藏避，規免。邕乃

孝標鴻叔。遂至於死。陽氏訴冤。詔遣中散大夫孫景安推檢事

狀。崔虔死。會赦得免。緣貴除名。自理積年。臨淮王彧時為廷

尉。久不能決。孝昌初卒。（冊三 84 北史 大二 4下）

魏書閹官傳抱嶷〃〃〃以從弟老壽為後。御史中尉王顯奏言〃〃

〃家涇州刺史石榮。積射將軍抱老〃〃〃〃易宗而嶷〃〃〃案

石榮籍貫兵伍。地隔宦流。處世無入朝之期。在生絕冠冕之望。

〃〃〃老壽種類無聞。氏姓莫紀。丐乞刑餘之家。廢吞閹人之宗。

〃〃〃（九の4）

又島夷劉裕傳和平〃〃二年。〃〃〃是歲。凡諸郡士族婚官點雜

者。悉點為將吏。而人情驚怨。並不服役。逃竄山湖。聚為寇盜。侍

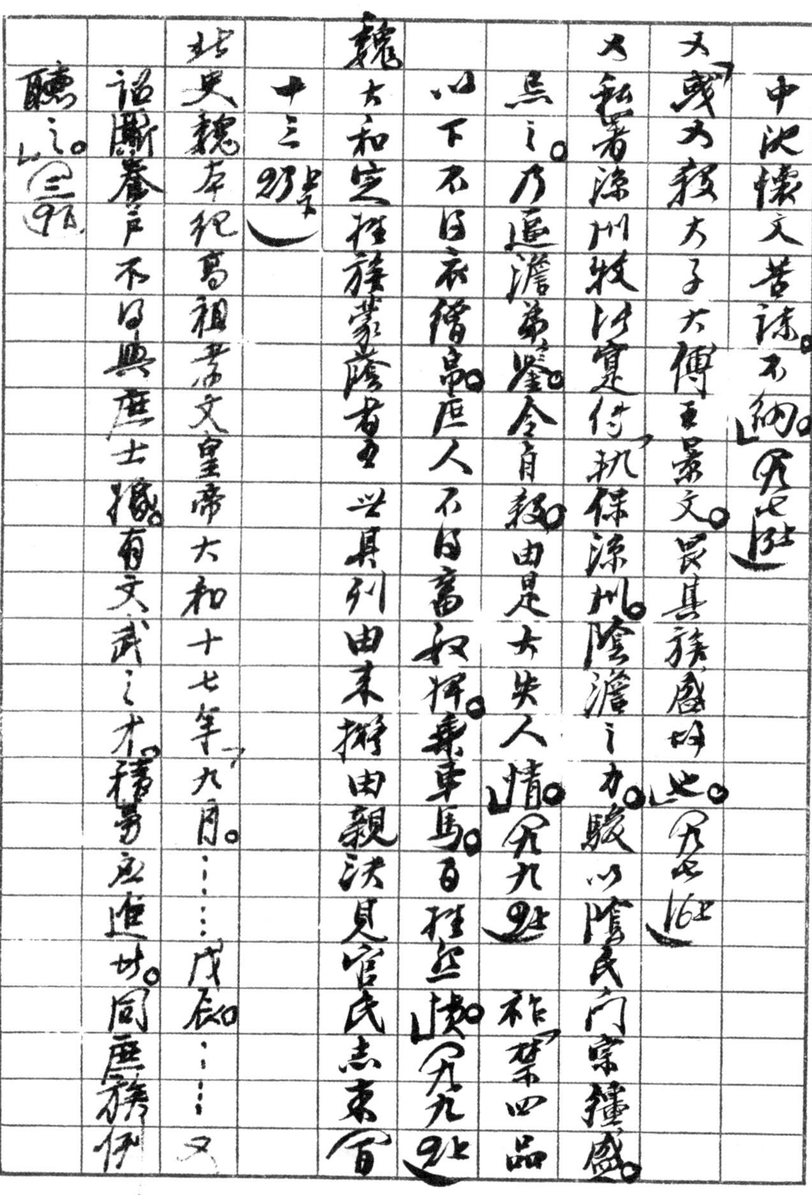

中沈懷文苦諫，不納。（見七32上）

又戮太子太傅王景文，畏其族盛故也。（見七16上）

又訟者涼州牧沮渠寔付執保涼州，陰澹之力。驗以陰氏門宗彊盛，

忌之。乃遣澹弟鑒令自殺。由是大失人情。（見九9上）祚禁四品

以下不得衣繒帛，庶人不得畜奴婢、乘車馬。自桂延（見九9上）

魏太和定姓族，叢蔭者，其具列由來，據由親族見官氏志末官

十三23上）

北史魏本紀高祖孝文皇帝太和十七年九月。……戊午……又

詔斷舂戶不得與庶士婚。有文武之才，積勞應進者，同庶族例

聽之。（三9上）

北史魏本紀文皇帝大統五年夏五月免妓樂雜役之徒，皆從編戶。（五 7上）

又齊本紀顯祖文宣皇帝天保二年九月。壬申。免諸伎作屯牧雜色役隸之徒為白戶。（七 7上）

又後主天統三年九月己酉。太上皇帝詔。諸寺署所綰雜保戶姓高者。天保之初。雖有優放。權假力用。未免者。今可悉蠲雜戶任屬郡縣。一準平人。（八 4上）

又武平七年二月。辛酉。括雜戶女。年二十已下十四已上。未嫁悉集省。隱匿者家長處死刑。（八 7上）

又周本紀世宗明皇帝元年十二月甲午。詔元氏子女。自坐趙貴

等事以來，所有沒入爲官口者悉免之。（九10上）

北史周本紀高祖武皇帝建德六年八月，詔曰：以刑止刑，以輕代重。罪不及嗣，皆有定科。雜役之徒，獨異常憲。一從罪配，百代不免，罰既無窮，刑何以措。凡諸雜户，悉放爲百姓。配雜之科，因之永削。（十9上）

北史隋本紀高祖文皇帝開皇元年四月戊戌，太常散樂並免爲編户。（十一1上）

北史后妃傳孝明皇后胡氏：太后爲帝選納，抑屏人流。時博陵崔孝芬、范陽盧道約、隴西李瓚等女，俱爲世婦。諸人訴訟，咸見忿責。（十三2下）

北史道武七王傳河南王曜曾孫和為東郡太守。先是郡人孫天恩家豪富，嘗與和爭地，遣奴客打和垂死。至此，和誣天恩與北賊來往，父子兄弟一時俱戮，資財田宅籍沒於官。天恩宗從欲詣闕訴冤，以和元叉之親，不敢告列。和語其郡人曰：我覓一州亦應可得。今此小人痛入骨髓，故乞此郡以報讎耳。此得更不求富貴。帝許之，曰：王當授此矣。羨……（中略）

又景穆十二王傳任城王雲孫順……除吏部尚書……時三公曹令史朱暉素事錄尚書高陽王雍，雍欲以為廷尉評，頻煩託順，順不為用。雍遂下命用之。順投之於地。雍聞之大怒，昧爽坐都廳，召尚書及丞郎畢集，欲待順至，於眾挫之。……順……

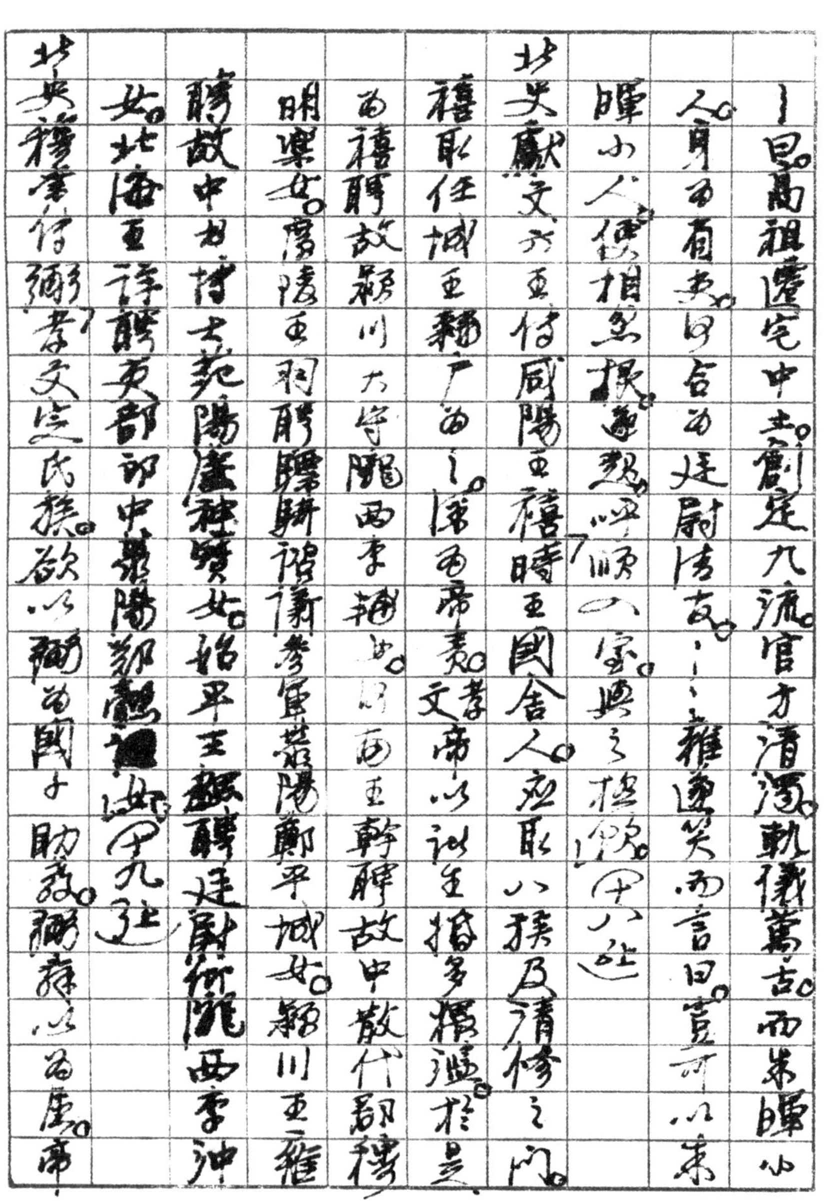
」曰。高祖遷宅中土。創定九流。官方清濁。軌儀萬古。而朱暉小人。身而有寵。因令西廷尉清吏。……雜選笑而言曰。豈可以朱暉小人。便相參擬。遂相呼順。入室。與之棋飲。（甲八廿）

北史獻文六王傳 咸陽王禧。時王國舍人。應取八族及清修之門。禧取任城王隸户爲之。深爲帝責。孝文帝以詔王指多濫。於是爲禧聘故穎川太守隴西李輔女。河南王幹聘故中散代郡穆明樂女。廣陵王羽聘驃騎諮議參軍滎陽鄭平城女。穎川王雍聘故中書博士范陽盧神寶女。始平王勰聘廷尉卿隴西李沖女。北海王詳聘吏部郎中滎陽鄭懿女。（甲九廿）

北史穆崇傳 [illegible]孝文定氏族。欲以[illegible]爲國子助教。[illegible]辭以爲虞帝

合家逃遁。叔朝欠執。时城陽王徽為司州牧。臨淮王彧以非其
身罪。數為其言。徽以求榜不得。遂停執者而殺之。（卅四頁）
北史劉潔傳：長樂信都人也。昭成時慕容氏獻女。潔祖生為公
主家臣。乃隨入魏。以事業焉。（卅五頁）
又陸建傳：太和討山胡自龍歸之。策將將士。亦自守也。白龍伏
壯士出不意。帝陰長。數為不測。達以丁揮賊。奮擊殺數人。被十
餘創。帝壯之。賜別戶二十。（卅五頁）
又陸俟傳：彥師隴西[illegible]。[illegible]彥師在職。凡所任人。頗甄別
移士庶。論者義之。（卅六頁）
又劉尼傳：胡文即位。以尼有大功。移光祿。特加尊重。賜別戶三十。

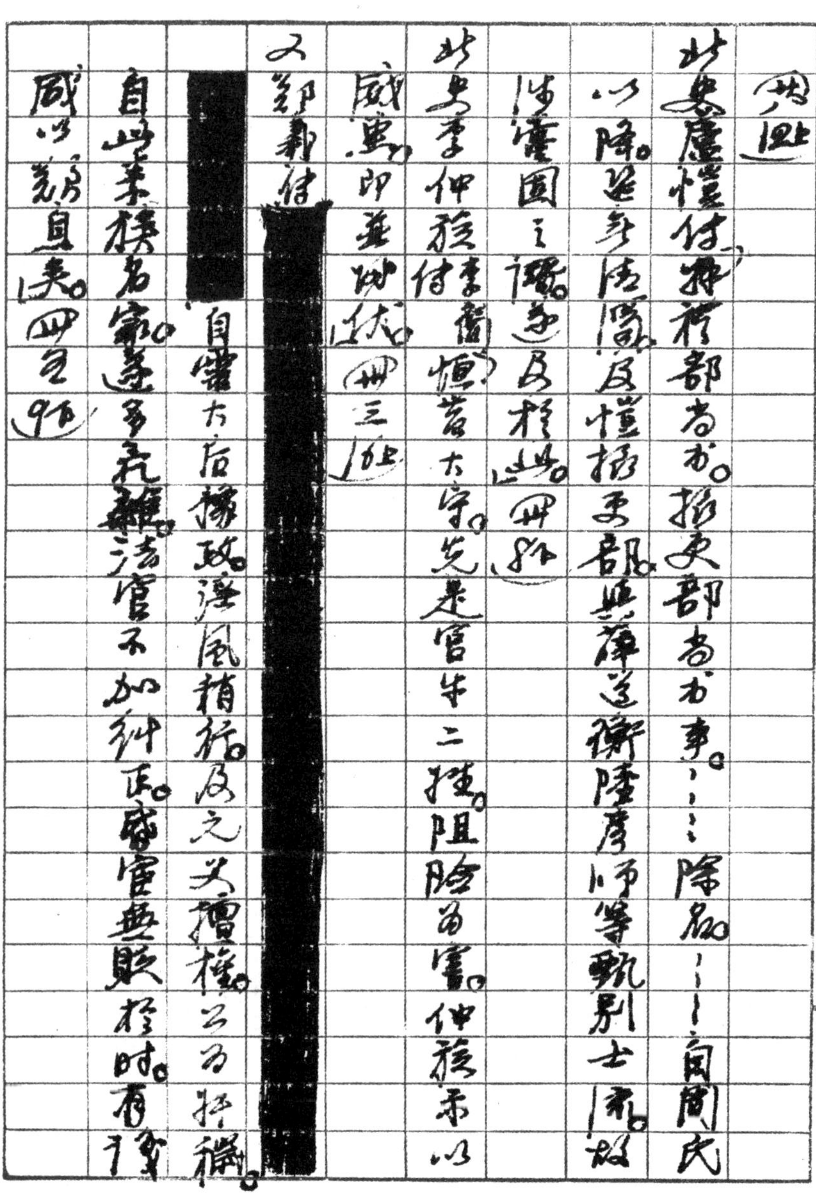

（丙址）

北史盧愷傳：拜禮部尚書。攝吏部尚書事。……除名。……自周氏以降，選無清濁，及愷攝吏部，與薛道衡、陸彥師等甄別士流，故涉黨固之譖，遂及於此。（卅八址）

北史李仲舉傳：李[illegible]愔當太守。先是宮牛二姓，阻險為害。仲舉示以威惠，即並歸伏。（卅三址）

又鄭羲傳：

自靈太后攝政，淫風稍行，及元叉擅權，公為掊穢。

自此素族名家，遂多亂雜，法官不加糾正。盛官無贓於時。有[illegible]咸以號貪矣。（卌五址）

（9下）

北史薛胤傳：薛辯……除……河北太守。郡帶山河，俗多盜賊。有韓

馬兩姓，各二千餘家。恃強憑險。最爲狡害。劫掠道路。侵暴鄉閭。

胤至郡，即收其姦魁二十餘人，一時戮之。於是群盜懾氣，郡中

清肅。（四八五）

北史楊愔傳：愔所著詩賦表奏書論甚多，誅後散失，門生鳩集所

得者萬餘言。（同，六〇）

又郭祚傳：初，孝文之置中正，從容謂祚曰：并州中正，卿家故應推

王瓊也。祚退，謂寮友曰：瓊真偽今自未辨，我家何爲推之。然主

上直信李沖吹噓之說耳。（同，三五）

又賈思伯傳：弟思同，初，思同爲青州別駕，清河崔光韶先爲中從事，自恃資地。

恥居其下。聞思同遷，遂便去職。州里人物，而思同恨之。及光韶云。遂識子孫。不聽求贍。思同遂表訴光韶操業，將擬媚議論者數十處。（四十四）

北史祖瑩傳：尚書令王肅曾於省中詠悲平城詩云。悲平城，驅馬入雲中。陰山常晦雪，荒松無罷風。彭城王勰甚嗟其美，欲使肅更詠，乃失語曰：王公可更為誦悲彭城詩。勰因戲肅云。何意呼悲平城為悲彭城也。肅有愧色。瑩在座，即云。悲彭城，王公自未見耳。肅云。可為誦之。瑩應聲云。悲彭城，楚歌四面起。屍積石梁亭，血流睢水裏。肅甚嗟賞之。勰亦大悅。退謂瑩曰。卿定是神口。今日若不遇卿，幾為吳子所屈。（四十七）

北史■■傳〔隱逸〕，世寶然……神處……大見賞重。娶妻韋氏，段士人多如之。又纂龜觀，時人莫之□。（四五一上）

又隋之康傳，左衛將軍鄭禮以罪死，子婦范陽盧道虔女也。沒官。神武啟以賜之康為妻。之康地寒，時以為榮賞。（四五四上）

又房謨傳，謨與子結婚盧氏。謨卒，盧氏將改適他族。有平陽廉景孫者，少厲志節，以明經舉郡孝廉，為謨所重。至是訴之。臺府不為理。乃封疏於神廟前，北面大呼曰：房謨清吏，忠事高祖。及其死也，妻子見陵。神而有知，當冥助申之。今引決訴於地下。便以繩自經於樹。衛士見之，救解送所司。帝追哀其誠，命女歸房族。（四五六上）

北史白建傳：建雖無他才伎，勤於在公，以溫柔自處，與唐邕俱以典執兵馬，致位卿相，諸子幼稚，俱爲州郡主簿，男婚女嫁，皆得勝流。（可參此）

又趙隱傳：初爲尚書令司馬子如賤客，供寫書。子如善其無譏，欲將入觀省舍，隱靴無氈，衣帽穿弊，子如給之。用爲尚書令史，月餘，補正令史。神武在晉陽，索二史，子如舉彥深（隱字彥深，避齊諱，故以字行），拜子如宰府參軍。超拜水部郎。及文襄爲尚書令，擬令選沙汰諸曹郎。隱以地寒，被出爲滄州別駕。（可參此）

又馮子琮傳：子琮微有識鑒，頗慕存公。及位望轉隆，宿心頓改，擢引非類，以爲深交，縱其子弟，不依倫次，又專營婚媾，歷選上門。

例以官爵許之。旬月便驗。頗上李真。范陽盧思道。隴西李胤伯

李子希。滎陽鄭庭星。並其女壻。皆至超遷。其驕縱如此。祖珽先

與子琮有隙。於是具奏此事。諸子並坐此除名。宦官干政

北史蘇綽傳。又爲六條詔書。奏施行之。時周文 其四擢賢良。曰——

今刺史守令。悉有僚吏。皆佐助之人也。刺史府官。則命於天朝。

其州吏以下。並牧守自置。自昔以來。州郡大吏。但取門資。多不

擇賢良。末曹小吏。唯試刀筆。並不問志行。以上選舉三下

北史泉企傳。上洛豐陽人也。世雄商洛。自晉安度。常有鸞江表。嘗

祖景言。魏大延至象。率御寇揚化。仍引重師平商路。拜建節將

軍。假宜陽郡守。世襲本縣令。封丹水侯。父安志。復爲建節將軍。

宜陽郡守。領本縣令。降爵爲伯。企九歲喪父。哀毀類於成人。服闋襲爵。年十二。鄉人皇平陳合等三百餘人詣州請企爲縣令。州爲申上。時吏部尚書郭祚以企年少。請別選遣。終此一限。令企代之。宣武詔依皇平等所請。……尋以母憂去職。州中父老復表請起復本任。後除上洛郡守。及蕭寶夤反。遣兵趣青泥。圖取上洛。豪族泉杜二姓密應之。企與刺史董紹掩襲。二姓散走。寶夤亦遁。……及齊神武專政。孝武有西顧之心。欲委企以山南之事。乃除洛州刺史。孝武帝西遷。齊神武率衆至潼關。企遣其子元禮禦之。神武不敢進。上洛人都督泉岳。其弟猛略與順陽人杜窋等謀翻洛州以應東魏。企知之。殺岳及猛略。傳首詣闕。大統……三年。高敖曹圍逼州城。杜窋為其鄉導。……城……陷……及竇泰被擒。敖曹退走。遂執企而東。以窋為刺史。企臨發。密戒二子元禮仲遵。……不得以身在東。遂虧臣節。……有辱於親之禮……與企俱被執而東。……於路逃歸。時杜窋雖為刺史。然巴人素輕杜而重泉。及元禮與仲遵相見。感父臨別之言。潛與豪右結託。遂率鄉人襲州城。斬窋。傳首長安。詔建嘉以代為洛州刺史。從周文戰于沙苑。中流矢卒。……後以仲遵為洛州刺史。……仲遵雖出自巴夷。而有方雅之操。……

（周四四上）

北史李遷哲：安康人也。世為山南豪族。仕於江左。父元直仕梁。

……爲衡州，留遷哲本部，監統部兵事。……東梁州刺史。……

任……

大統十七年，周文遣達奚武、王雄等略地山南，遷哲集故家降

於事。……郡洵陽縣伍，其父在梁爲洵陽傳遷哲在梁襲爵恭帝初，直州人樂熾

洋州人黃國等連結爲亂，周文以遷哲信著山南，乃令與開府

賀若敦同經略。國等尋並平蕩，仍與敦南出徇地。……隆直州

刺史，即本州也。……令與田弘同討信州。……及田弘旋軍，周

文令遷哲留鎮白帝。……天和三年。……詔遷哲率金上等諸

州兵鎮襄陽。……遷哲累葉雄豪，爲鄉里所服。性復華侈，能厚

自奉養。妾媵至有百數，男女六十九人。緣漢千餘里間，第宅相

次。姬媵之有子者，分處其中，各有僮僕侍婢，閽人守護。遷哲每

鳴笳導從。往來其間。縱酒歡宴。盡生平之樂。子孫奉之。或忘其年名地。按傳以當之。（容齋）

北史楊乾運傳：儻城興勢人也。少雄武。為鄉閭信服。為安康郡守。隨梁。仕歷潼南梁二州刺史。及武陵王蕭紀稱尊號。以乾運威服巴渝。乃拜梁州刺史。鎮潼州。封萬春縣公。……乾運兄子略勸乾運歸附。乾運然之。……乾運送款。周文密賜乾運鐵券。授開府儀同三司侍中梁州刺史安康郡公。及尉遲迥征蜀。遂降迥。迥因此進軍成都。數自竟之。（見六卷）

又任果傳：南安人也。本方隅豪族。父褒。仕梁。為河州刺史新巴縣公。果……魏廢帝之年。率所部來附。周文嘉其遠至。待以優禮。果

因而陳耶為第。除被納之。乃授沙州刺史西安郡公。從尉遲迥
伐蜀。詔遷授驃騎大將軍開府儀同三司。及成都平。除始州刺
史。周文以史寧為首領。早立忠節。進爵安政郡公。賜以鐵券。恕
相傳襲。（卷六一　8上）

北史呂思禮傳：普泰中。僕射司馬子如薦為尚書二千石郎中。尋
以地寒被出。[illegible]（卷七十　7上）
北史胡長粲傳（外戚傳附傳）：國長粲推溫禮。在東宮際。但始居要重。便為子叔
彭城清河王雍僧女為妻。任晉陽處分。周齊弟王遊無德儉
兼為司徒主簿。時論以此譏之。（[illegible]　9下）
又儒林傳：平恒。恒三子。並不率父業。好酒自棄。恒恥其世衰。不

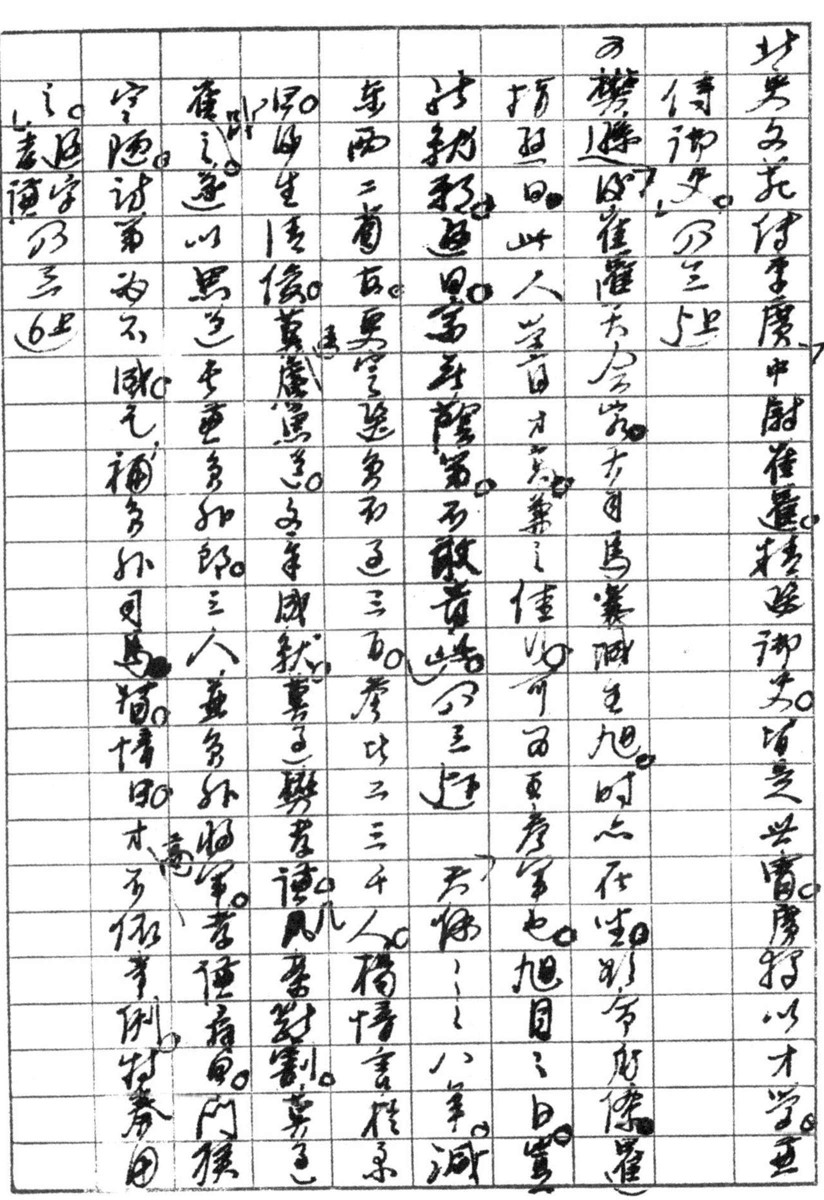

北史陸叡傳：「其靈上雖無祖宗門戶蔭，家屬陰陰，多出六爵，與之西豫甿之患之，好對大家，而思相依重，相率從叡，叡摸募求捕逃，以叡於其權徵實物，常隱擒獲，叡之聲名，因此騰首廣寰，於西其醻。」（四七上）

北史貝傳：「侍在叡之孫，乃子宗本大將晉陽，遷移居焉。」（五二上）

又趙郡李係（初名誨）為郭氏，自言其先日南溫人也，其世祖術，晉末為西秦梁州，因居漢中，去陳南陳孫，後生而陳郡事，復入而為廣人，因後為遷。

時尚書事許，亦首維移缺之，與趙郡崔邕鄰……於是趙郡許遂為深讓，所免利趙為憾，因趙為門生，趙廣陵亡命，投梁為歸，年遂入為侍御郎，轉為侍中，尚書左僕射，後為

逆旅牧豎。及訴好群飛。禁因擁鄉以保之。其後官至好安。志行

魏書 卷二 四上

又勞榮自云本出處。數大尉子和一成。遂移宅家焉。卷二 四上

北史崔亮傳父元孫青州刺史沈文秀之叛。宋明帝使元孫討之。為文秀所害。亮母房。攜亮依其叔祖冀州刺史道固於歷城。及慕容白曜平三齊。內徙桑乾為平齊人。時年十歲。常依季父幼孫。居貧。傭書自業。時隴西李沖當朝任事。亮族兄光往依之。謂亮曰。安能久事筆硯。而不往託李氏也。……光言之於沖。……沖召亮與語。……甚奇之。迎為館客。沖謂其兄子彥曰。大崔生寬和篤雅。宜其友之。小崔生峭整清徹。宜其敬之。同四上

北齊書趙郡王琛傳：子叡，世宗謂之曰：我為爾娶鄭述祖女，門閥甚高，汝何所嫌而精神不樂。（中三作）

又崔㥄傳：清河東武城人也。㥄每以籍地自矜，謂盧元明曰：天下盛門，唯我與爾，博崔趙李，何事者哉。崔暹聞而銜之。[illegible][illegible][illegible]。㥄又竊言：黃頷小兒堪當重任不？暹外兄李慎以㥄言告暹，暹啟世宗（文襄）絕㥄朝謁。㥄要拜道左，世宗（文襄）發怒曰：黃頷小兒何足拜也。於是鎖㥄赴晉陽而訊之。㥄不服。暹引邢子才為證，子才執無此言。㥄在禁，謂子（邢）才曰：卿知我意屬太丘不。子（邢）才出告㥄子瞻曰：尊公意正應欲結姻於陳元康。瞻有女，乃許妻元康子，求其

又，之高者言於世宗[文襄]……乃啓之：「㥄一門婚嫁，皆是衣冠之美。吾[族]之儀範，百寮所楷。昔太后為博陵王納㥄妹為妃，敕中[其]使曰：『好作法用，勿使崔家笑人。』」（卅三張）北史

北齊書於魏收傳楊愔謂收曰：……但論及諸家枝葉親姻，過為繁碎，與舊史體例不同耳。收曰：往因中原喪亂，人士譜牒，遺逸略盡。是以具書其支派。……（卅七張）

又，自達傳：男婚女嫁，皆得勝流。當時以為榮華之極。（卷十張）

又，陽休之傳：除吏部尚書。……休之多識故事，諳悉氏族，凡所選用，莫不才地俱允。（卷二張）

又，李列傳，趙繪傳：素業閨門修飾，為世所稱，一門女不再醮……

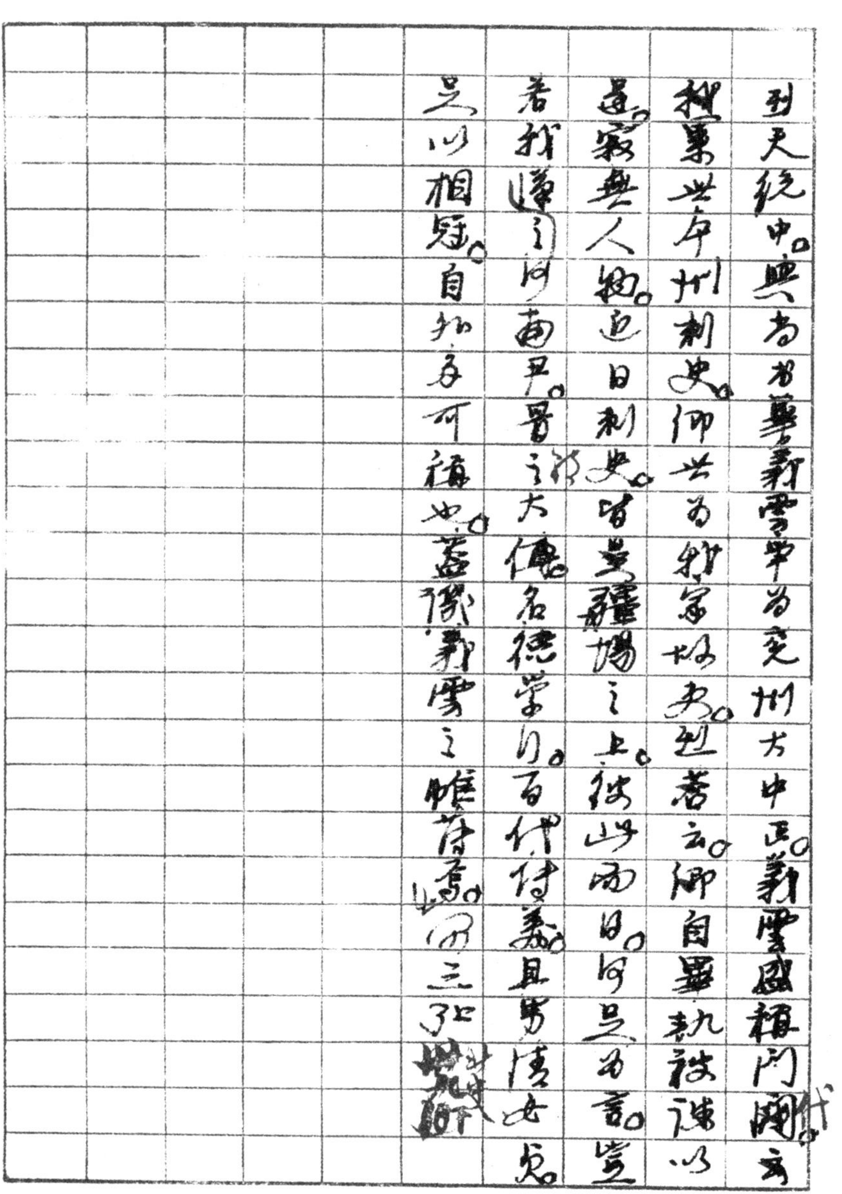

到天綫中。與尚書華蕭雲中爲定州大中正。蕭雲盛稱門閥。亦推棄世序。州刺史。仰世爲郡守收者。到著云。卿自畢執謀以送。寂無人物。近日刺史皆是疆埸之上。彼此而且何足爲言。豈者我境之河南尹。晉之大儒名德學行。百代傳義。且男清安息。足以相疑。自知不可稱也。蓋謂蕭雲之帳薄高。此因三孔

閭或抑賣田父僕射而潁川歸地。十種程蕃民多蕩亡。將選鄉在。皆依倚貴勢。觀末務逃亡（四三莊）

又李賢傳自閭邊濟。豪右兩家兼併。強者侵奪。不久者也。（四五頁）

又韓暨傳陳——西漢州刺史。見殺之後。權貴豪富——

家。傳漁小民同於僕隸。故勞苦無日。豪家兼貧。勢力進其人。

以之為生。讓渡世家。獨見縱隱。又謂官人財物以招誘之。此西

城富貴家。又見居處無市之。好貧責富。豪貴戶口既實。（四七頁）

又劉陶傳第七。南方貴儀富賑。梁郡蕭禹。范陽侍御。梁之外戚。才

高口辯。見推於世。以贍之豪貴。亦假借之。瑞年少未仕。而多才

林史　七十

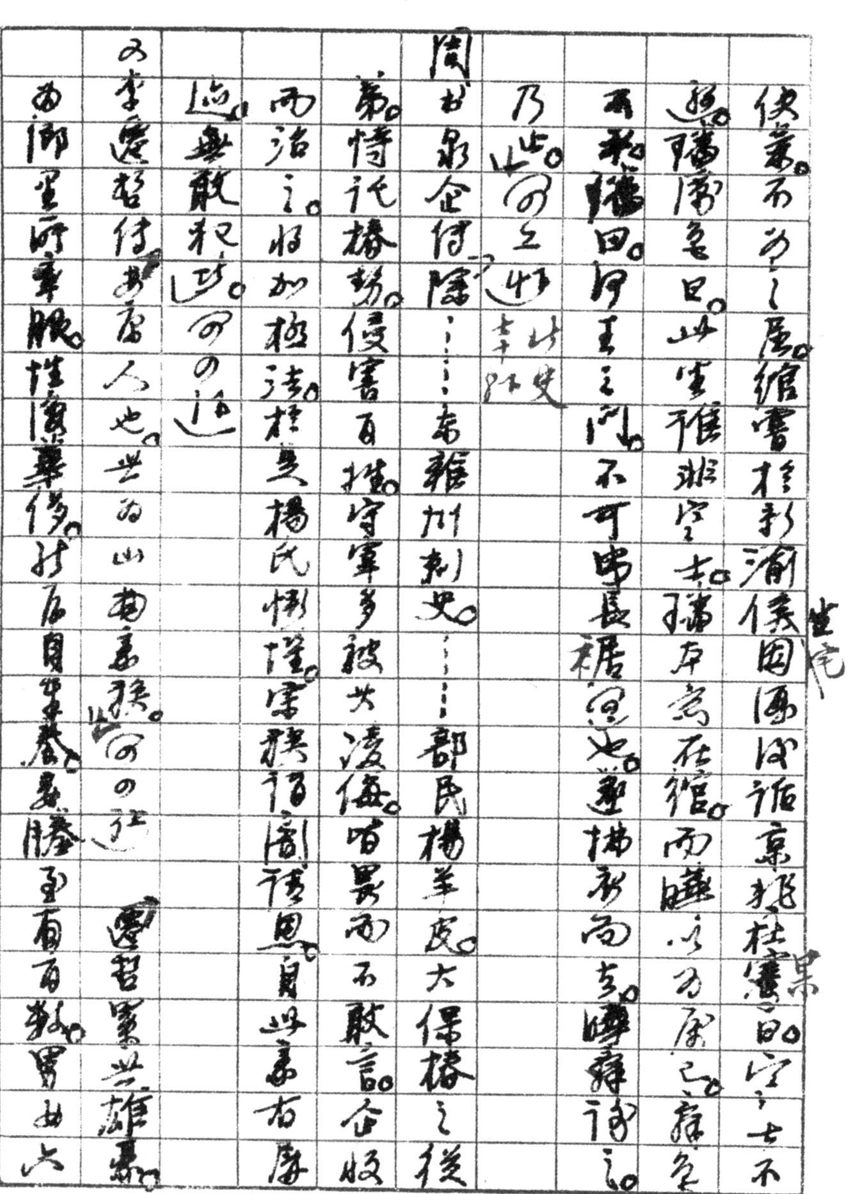

十九人。讓僕予錄首習。常定相次。推人之有子也。於處其中。乃
有侍僕侍擇。擁衛守之。遂路高鳴旅奔從。往來其間。從屬路歡。
每生平之業。子孫每久也。考其共年最也。撫有以篤之。山の[illegible]の出
閒於楊乾隆付價撫與黠人也。此有隔寡務。乾隆的稱武。至御閱
於修避。至陵王墓祀……撰首獲。以乾隆南巡色識。歸妻方面
之任。乃特專騎以留十之湖社年東選西制史。錄僅州。都寡書
孫花。覓の千文。乾隆見子職設乾隆……之制契中。……乾
選譯然之。……全……人……入國遂數。——障迴。迴殿圖因
此進年驕務。致國刻山。山の[illegible]の出

隋書高祖紀開皇十六年六月。甲午。制工商之家。不得進仕。（二頁）

又百官志陳承梁。皆循其制官。而又置……其餘並遵梁制。為十八班。而官有清濁。自十二班以上。並詔授。表啟不稱姓。從十一班至九班。擬奏復為一等。又流外有七班。此是寒微士人為之。從此班者。方得進登第一班……謂之五參佐吏官。何由清濁。

……廿五頁

經籍志譜系……書廿三頁

……周家小史。定繫世。辨昭穆。則亦史之職也。秦兼天下。劃除舊跡。公侯子孫。失其本繫。漢初得世本。敘黃帝已來祖世所出。而漢又有帝王年譜。後漢有鄧氏官譏。晉世摯虞作族姓昭穆記十卷。齊梁之間。其書轉廣。後魏遷洛。有八氏十姓。咸出帝族。又有三十六族。則諸國之從魏者。九十二姓。世為部落大人者。並為河南洛陽人。其中國士人。則第其門閥。有四海大姓。郡姓。州姓。縣姓。及周太祖入關。諸姓子孫有功者。並令為其宗長。仍撰譜錄。紀其所承。又以關內諸州為其本望。其鄧氏官譜及族姓昭穆記。晉亂已亡。自餘亦多遺失。今錄其見存者。以為譜系篇。隋三志

又魏晉已來。……蘭臺之位。以處貴游。政驗之司。罕因才授。故梁世諺曰。上車不落則著作。體中何如則祕書。於是尸素之儔。盱衡延閣之上。立言之士。揮翰蓬茨之下。一代之記。至數千家。傳

說在周。閔先師駁理其生甫。孫兼解要，時令久矣之後。且秩相

異續。其當之才。不偉於當世。所以為叛逆。（卅三、隋北）

隋書韋師傳：其族人，其序為吏部尚書。其師書情勝負。于時晉王

為雍州牧，盛存望第。以天子之子楊雄、右僕射高熲並為府叛

楷。引師為主簿。而其序為其弟為清曹從事。其序恥不能容。

又取其弟任師之下。方其弟料之日。陟同被為從事。遂棄之。（二八）

山静述

又酷吏傳燕榮……收幽州僚……范陽盧氏。代為著姓。榮皆

署為吏卒以屈辱之。（七四）

閥閱門閥。通鑑注：說文閥閱自序也。（一）史記明其等曰閥積其

功曰閱此所謂門閥者直言世家子弟門地素高者耳又說門在左曰閥在右曰閱（臨川）梁元帝承聖之年

隱逸俠傳

晉書隱逸傳云。劉驎之雖冠冕之族。信義著於群小。凡廝伍之家。婚娶葬送。無不躬自造焉。居於陽岐。在官道之側。人物來往。莫不投之。驎之躬自供給。士君子頗以勞累。更憚過焉。凡人致贈。一無所受。去驎之家百餘里。有一孤姥。病將死。歎息謂人曰。誰當埋我。惟有劉長史耳。何由令知。驎之先聞其有患。故往候之。值其命終。乃身為營棺殯送之。[illegible]以此等事為觀。俠者之所為。驎之名列隱逸之傳。則非有俠也。要之世固有將以財下人者

凡民有豪傑之不以貴驕而以勞自憚不亦為人之德乎

階級（附傳）

晉書[illegible]王遜傳第子宣帝嘗得勳永和中。張琚據隴東。遣使招勳。勳復入長安。初京兆人杜洪以豪族陵琚。琚以勇俠侮洪。洪知勳惧琚兵強。因說勳曰。不殺張琚。關中非國家有也。勳乃偽請琚。於坐殺之。琚弟走池陽。合兵攻勳。頻戰不利。請和。勳引還。

勳本梁州刺史（四七9下）

又王衍傳。衍妻郭氏。賈后之親。藉中宮之勢。剛愎貪戾。聚斂無厭。好干預人事。衍患之而不能禁。時有鄉人幽州刺史李陽。京師大俠也。郭氏素憚之。衍謂郭曰。非但我言卿不可。李陽亦謂不可。郭氏為之小損。（四三6下）

晋書祖逖傳……輕財好俠。慷慨有節尚。每至田舍。輒稱兄意。散穀帛以賙貧乏。鄉黨宗族以是重之。（六二上）

又戴若思傳　少好游俠。不拘操行。遇陸機赴洛。船裝甚盛。遂與其徒掠之。若思登岸。據胡牀。指麾同旅。皆得其宜。機察見之。知非常人。在舫屋上遥謂之曰。卿才器如此。乃復作劫邪。若思感悟。因流涕投劍就之。機與言。深加賞異。遂與定交焉。（六九）

又王彌傳　少游俠京都（百上）

宋書樂志　東門行　出東門。不顧歸。來入門。悵欲悲。盎中無斗儲。還視桁上無懸衣。拔劍出門去。兒女牽衣啼。他家但願富貴。賤妾與君共餔糜。共餔糜。上用倉浪天故。下當黃口小兒。今時清廉。

雜紀叢言。又後自處冀爲訓。

〻。行吾其爲準。平情行。律吾心協。（四十下）

又禍福齋上隱姓名。用傍輕非。以常額經風〻多非。（四十二上）

宋書孟懷玉傳。弟龍符少好游俠。結客於閭里。早爲高祖所知。（四）

七（三上）

南史沈慶之傳。慶之既通貴。鄉里老舊素輕慶之者。後見皆膝行

而前。慶之歎曰。故是昔時沈公。視誰決爲勤首其數十人士衆

罷之。慶之德爲置酒大會。一時數之。於是居境當遠。人情喜悦

（四九下）

晉書祖逖傳。居丹徒之京口。逖以社稷傾覆。常懷振復之志。賓客

義後。請募集勇士。並逮之於子弟。時揭土方饑。此輩多爲盜竊。攻剽富室。並捕繫獄。問之曰。比復南塘一出。吾或爲吏所繩。並逮捕擁護救解之。後其所以出力並逮。然自若也。」（宋二五）

游俠

劉裕遣沐謙刺司馬楚之，謙反委身事之。（魏書楚之傳卅七上）

劉義隆遣呂玄伯刺王慧龍，慧龍知之，釋不殺。（魏書慧龍傳卅八上）

魏書房崇吉（法壽從弟見法壽傳）崇吉剃髮為沙門，改名僧達。投其族叔法延住歲餘。清河張略之，亦豪俠士也。崇吉遺其金帛以自遣。

（同上卅上）

又辛子馥（辛紹先傳）長白山連接三齊瑕丘。數州之界，多有盜賊。子馥受使檢覆，因辨山谷要害，宜立鎮戍之所。又諸州豪右在山鼓鑄，姦黨多依之。又得密造兵仗，亦請破罷諸冶。朝廷善而從之。

（同上卅下）

魏書盧玄傳。子度世。以崔浩事棄官逃於高陽鄭羆家。羆匿之。使者囚羆長子。將加捶楚。羆戒之曰。君子殺身以成仁。汝雖死勿言。子奉父命。遂被拷掠。至乃火爇其體。因以物故。卒無所言。度世後令弟娶羆妹。以報其恩。〔四七〕止

又薛安都傳。少驍勇。善騎射。頗結輕俠。諸兄患之。安都乃求以一子分出。不取片資。兄許之。居於別廄。遠近交遊者。爭有送遺馬牛衣服什物。充牣其庭。〔四七〕止 北史異止

又裴慶孫裴延儁傳。任俠有氣。鄉曲壯士及好事者。多相依附。撫養咸有恩紀。在郡之日。值歲饑凶。四方遊客。常有百餘。慶孫自以家糧贍之。性雖粗武。愛好文流。與諸才學之士。咸相交結。輕財重

義。生客常滿。是以為時所稱。（六九廿）

魏書馮元興傳，家數貧約。食客恒數十人。同其飢飽。曾無吝意。時人歎尚之。（七九廿）

又外國付李延寔長子或。任俠交遊。輕薄無行。而朱榮之死也。壺毅之士。皆或所進。孝靜初。以罪棄市。或尚莊帝妹豐亭公主（八三下廿）

北齊書陽州公永樂付。神武從祖兄子長弼。小名阿伽。性麁武。出入城市。好毆擊行路。時人皆呼為阿伽郎君。以宗室封廣武王。時有天恩道人。至凶暴。橫行閭肆。後入長弼黨。專以鬬為事。文宣並收掩付獄。天恩黨十餘人皆棄市。長弼鞭一百。尋為南營州刺史。在州無故自驚走。叛亡入突厥。竟不知死所。（十四廿）

北齊書薛脩義傳少而奇俠。輕財重氣。招召豪猾。時有急難相奔
投者。多所容納之。（廿）
又慕容儼傳儼少任俠。交通輕薄。遨遊京洛間。（廿）
又高乾傳父翼。翼豪俠有風神。為州里所宗敬。孝昌末葛榮作
亂燕趙。朝廷以翼山東豪右。即家拜渤海太守。至郡未幾。賊
徒愈盛。翼部率合境。徙居河濟之間。魏因置東冀州以翼為刺
史。乾少時輕俠。數犯公法。長而修改。輕財重氣。多所交結。（廿一）
止。昂初以豪俠立名。為之羽翼者　劉叔宗兄海寶少輕俠。
甚為鄉里所愛。（廿一）　東方老少粗獷無賴。結輕險之徒。共為賊
盗。鄉里患之。（廿一）

北齊書李元忠傳：元忠宗人愍，少有大志，年四十，猶不仕州郡，唯招致姦俠，以爲徒侶。（廿二上）

又：京師傾覆，愍遂率所部西保石門山。與幽州刺史劉靈助及高昇兄弟安州刺史盧曹等同契義舉。靈助敗，愍遂入石門。高祖建義，以書招愍，愍奉書擁衆數千人，以赴高祖。

元忠族叔景遺，少雄武，有膽力，好結聚亡命，共爲劫盜，鄉里每患之。鄉安和。其兄南鉅鹿太守無爲，以贓罪爲御史糾劾，禁於州獄。景遺率左右十餘騎，詐稱臺使，逕入州城，劫無爲而出之。州軍追討，竟不能制。由是以俠聞。及高祖舉義於信都，景遺赴於軍門。高祖素聞其名，接之甚厚，令與元忠舉兵於西山，仍與大軍俱會，擒刺史爾朱羽生。（廿二上）

北齊、廿二盧文偉傳子宗道性粗率重任俠。嘗於晉陽置酒賓遊
滿坐。中書舍人馬士達目其彈箜篌女伎云。手甚纖素。宗道即
以此婢遺士達。士達固辭。宗道便命家人將解其腕。士達不得
已而受之。將赴營州。於督亢陂大集鄉人。殺牛聚會。有一舊門
生酒醉言辭之間。微有踈失。宗道遂令沈之於水。後坐酷濫除
名。（廿二　卅）
又敬顯儁傳少英俠有節操。交結豪傑。（廿六　卅）
又平鑒傳受學於徐遵明。……雖崇儒業。而有豪俠氣。（廿六　廿）
又金祚傳性驍雄尚氣任俠。（廿七　廿）
又元暉業傳魏景穆皇帝之玄孫。少險薄。多與寇盜交通。長乃變

節。涉子史。亦頗屬文。而慷慨有志節。齊文襄嘗問之曰。比何所

披覽。對曰。數尋伊霍之傳。不讀曹馬之書。暉業以時運漸謝。不

復圖全。唯事飲啖。一日一羊。三日一犢。天保二年。從駕至晉

陽。於宮門外罵元韶曰。爾不及一老嫗。背負璽與人。何不打碎

之。我出此言。既知死也。然爾亦詎得幾時。文宣聞而殺之。亦彰

臨淮王孝友。臨刑驚惶失措。暉業神色自若。（卅八頁）

北齊書酷吏傳畢義雲。少麤俠。家在兗州北境。常劫掠行旅。州里

患之。晚方折節從官。止（四七 北史）

周書韋祐傳。字法保。少好遊俠。而質直少言。所與交遊。皆輕

猾亡命。人有急難。投之者多保存之。雖屢被追捕。終不改其操。也

[illegible]……據。主[illegible]鮮[illegible]戎俗之。多[illegible]全[illegible]。以此[illegible]實

附遊俠傳。（四三也）

周書宇文貴傳：……益州刺史……先是蜀人多劫盜，貴乃召任俠傑健者，署為遊軍。二十四部。令其督捕，由是頗息。（十九後）

又韓褒傳：除北雍州刺史。……州帶北山，多有盜賊。褒密訪之，並豪右所為也。而陽不之知。厚加禮遇，謂之曰：刺史起自書生，安知督盜，所賴卿等。共分其憂耳。乃悉召桀黠少年素為鄉里患者，置為主帥。分其地界。有盜發而不獲者，以故縱論。於是諸被署者，莫不惶懼。皆首伏曰：前盜發者，並某等為之。所有徒侶，皆列其姓名。或亡命隱匿者，亦悉言其所在。褒乃取盜名簿藏

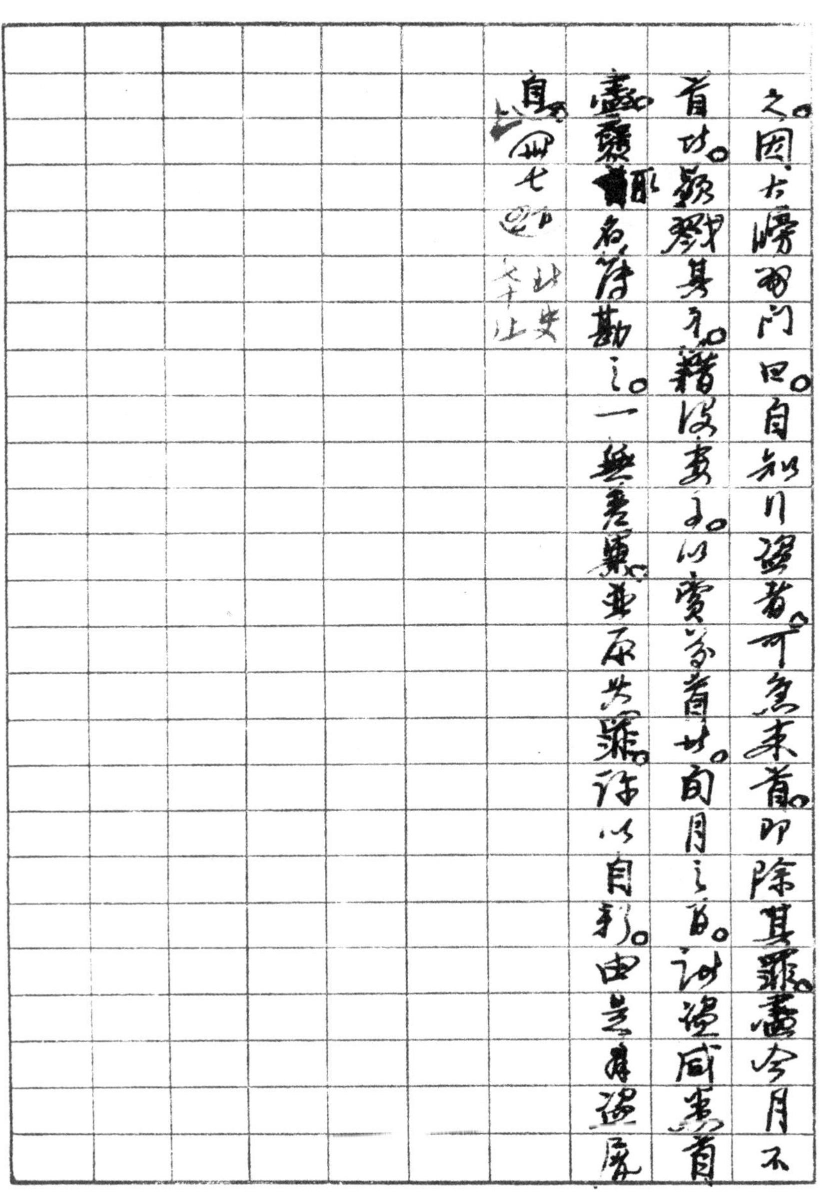

之。因大牓西門曰。自知同逆者。可急來首。即除其罪。盡今月不
首者。殺戮其身。籍沒其家。以賞告首者。自月之首。詣邏咸集首
盡。處斬。名籍勘之。一無差[illegible]。並原其罪。許以自新。由是[illegible]逆屠
自。此四七遍。此字七十止

隋書元亨傳：父季海，魏司徒、馮翊王。遇周齊分隔，季海遂仕長安。亨時年數歲，與母李氏在洛陽。齊神武帝以亨父在關西，禁錮之。其母則魏司空李沖之女也。亨有智識，遂詐稱凍餒，請就食滎陽。齊人以其去關西尚遠，老婦弱子，不以為疑，遂許之。李氏陰託大豪李長壽，攜亨及孤姪八人，潛行草間，得達長安。

[illegible]

又劉權傳：權少有俠氣，重然諾，藏亡匿死，吏不敢過門。

又陳茂傳：子政嗣。政……年十七，為太子千牛備身，時與大俠劉居士……政才業，遂從之游。園通李園子孝常，與政相善。

並無居士名績。及居士下獄伏誅，政府寮佐前後坐。上以動民子。

推之二百而救之。由是不以諂。帝文見の迹

隋書沈光傳家甚貧窶。父兄並以傭書為事。光獨跅弛。交通輕俠。

為京師惡少年之所朋附。人多贍遺。得以養親。每致甘食美服。

東宮圖書。見の孫迹

隋書列女傳祖在周為名將。……與高祖有舊。及受禪。甚親任。……

……其子居士。為太子千牛備身。聚徒任俠。不遵法度。數以罪。上

以祖故。每輒原之。居士轉恣。每大言曰。男兒要當辮頭反縛籧

篨上作獼猴舞。取公卿子弟膂力雄健者。輒將至家。以車輪括其

頸而棒之。殆死。能不屈者。稱為壯士。釋而與交。黨與三百人。其

選捷廿騎爲飛鶻隊。矜力者騎爲進討隊。每鞲鷹紲犬，連騎道出。毆擊路人，多所侵暴。長安市里無賴見之者皆辟易。至於公卿妃主，莫敢與校者。其女則居士之姊也。每垂泣誨之，慇懃懇懇。居士不改，至破家産。祖年老，謂其親曰：其女時寫居哀祖如此。每將寧於家，衍動傍續，以救其贓。有不告居士與其徒遊長安城，登故未央殿基，南向坐，前後列隊。意有不遂，輒相捋忍。自爲一死耳。于時有人言居士遣使引突厥令南寇，當於京師應之。帝謂祖曰：今日之事，當復如何？祖稽首謝罪，不自引咎。直答曰：黃白在於至尊。上方怒，下祖獄，捕居士黨與，治之甚急。

——居士坐斬，祖竟得死於家。乃十卷

五廿北史

有智謀。世爲豪右。貴屬臣僕。士庶畏之甚。多被擒縛。始中書郎檀蘊。者書記以師範等。常傲睨之。到稱自供。私室慈爲而已。死之日。鄉黨曹起咸共痛惜。鴻賓此事之如此積財將德。隨維魯早交。而名重天下。及賊起。鄉里權爲豐輩。常與隨一字一封。此令東天交負冀中逢此。事爲之所忌也。皆將自隨。隨簡賞亦錄鄉中壯士二千人以從。鄉中豪閥共知。初疑其史也。競爲之義。勸種而見利矣。劉家倭州之家。亦惟常得。隨籌資給私食。可見達同私食不足。關係不贊。四十九

異姓結盟。清律異姓結盟兄弟者照謀叛未行律科罪，以人數多寡爲差。詳見吾學録廿二8